D1753732

Komm mit in die NATUR!

Texte von Astrid Otte
und Elke Schwalm

Sonderausgabe

Bildnachweis

dpa Picture-Alliance, Frankfurt: 76

fotolia.com: JGade 7 o.; contrastwerkstatt 19 o.; Corinna Gissemann 19 u.; Pavlo Vakhrushev 21 o.; Irina 21 2. v. o.; rgbspace 21 3. v. o.; Cora Müller 21 u.; Ramona Heim 1 2. v. l., 22, 78 o.; whiteaster 34; photophonie 36; adam 121 41 o.; tan4ikk 41 u.; Kathleen Rekowski 42; Miredi 1 r., 43 u., 113; Printemps 51 u.; schiros 57; Marzanna Syncerz 1 l., 58; Kzenon 60 u.; ehaurylik 62; Kathrin39 77 o. r., 90; Reinhold Foeger 79 o.; drubig-photo 1 2. v. r., 91; M. Schuppich 98 u.; racamani 104; Myst 111 r.; pe-foto 115 o.; Shmel 116; makis7 119; imaGo - Martin R. 122; Alena Ozerova 138; NilsZ (Innenlayout Schild); Taigi (Innenlayout Hand mit Lupe)

Imke, Anja: Vignetten im Button

iStockphoto.com: esolla 33

Kuhn, Birgit: 49

mauritius images: 77 o. l.

Pixelio.de: Christin Klein 9 u.; Karin Bangwa 12; Ute Krupke 16; Jürgen Treiber 31; M. Grossmann 70; Luise 98 o.; dieter-haugk 115 u.

shutterstock.com: Beata Becla 3; Sunny studio 6, 7 u.; Vaclav Volrab 8 u.; BlueOrange Studio 4 o., 8 o.; bokan 9 o.; Hitdelight 13; Maridav 20; Monkey Business Images 28; pressmaster 35; MNStudio 37; racorn 38; gorillaimages 40 u., 79 u., 105, 109 l.; Tatyana Vyc 4 u., 40 o., 82; Gladskikh Tatiana 43 o.; Sunny studio 43 M.; Matt Jeppson 48; Ramona Heim 51 o.; vanilla-echoes 60 o.; Algefoto 5 o., 77 u.; Sergey Novikov 78 u.; Monkey Business Images 81; Inara Prusakova 84; Ricky Reardon 92; Kiselev Andrey Valerevich 95; Pavel L Photo and Video 101; Oksana Kuzmina 106; Africa Studio 107; RimDream 5 u., 108 l.; Bas Meelker 108 r.; Sergey Novikov 109 r.; Khakimullin Aleksandr 110 o.; Maria Evseyeva 110 u.; ISchmidt 111 l.; Shebeko 128; Melanie DeFazio 129

Impressum

Vertrieben durch:
© Compact Verlag GmbH
Baierbrunner Straße 27, D-81379 München

Alle Rechte vorbehalten. Nachdruck, auch auszugsweise,
nur mit ausdrücklicher Genehmigung des Verlages gestattet.

Text: Astrid Otte (Frühjahr, Sommer), Elke Schwalm (Herbst, Winter)
Redaktionsleitung: Anja Fislage
Redaktion: Lea Schmid
Produktion: Ute Hausleiter
Abbildungen: siehe Bildnachweis oben
Illustrationen: Kathleen Richter
Titelabbildungen: Sunny studio (o. l.), Zurijeta (o. r.), Sergey Novikov (u. l., u. r.), Kudryashka (Illustration)
Gestaltung: Enrico Albisetti
Umschlaggestaltung: Pixelcolor, Hartmut Baier

ISBN 978-3-8174-1722-3
381741722/1

www.compactverlag.de

Vorwort

Die Natur ist als Spielplatz und Erlebnisraum für Kinder immer noch die Nummer eins. Die unzähligen Möglichkeiten, im Freien zu toben, Abenteuer zu erleben, zu spielen und zu erforschen, faszinieren schon immer Jung und Alt. Nicht nur bei schönem Wetter lässt sich der Umgang mit Pflanzen, Tieren und Naturmaterialien begreifen. Jede Jahreszeit hat ihren eigenen Reiz und ihre Besonderheiten, die Kindern nicht nur Spaß machen, sondern auch die Natur besser verstehen lassen.

Ganz egal, auch wenn es stürmt oder schneit, die richtige Kleidung erlaubt Outdooraktivitäten bei jedem Wetter. Eingepackt in wetterfeste Jacken und Matschhosen wird ein trüber Regentag zum Spaßerlebnis. Und wenn doch mal das Haus als Spielplatz genutzt wird, gibt es eine Menge Möglichkeiten, die Natur mit einzubeziehen. Einfach und anschaulich beschrieben bereiten eine Menge Bastelanleitungen, Activity-Ideen und leckere Rezepte unterhaltsame Nachmittage und Abende – selbst in der dunkleren Jahreszeit.

In diesem Buch zeigen kleine Symbole neben der Überschrift auf einen Blick, um welche Aktivität es sich handelt:

- – Spielideen
- – Koch- und Backvergnügen
- – Naturerlebnis
- – Bastelspaß
- – Auf diesen Seiten stehen spannende Outdoorprojekte für den Sommer und unterhaltsame Beschäftigungsmöglichkeiten im Winter.

Mit diesem Buch kommt bestimmt keine Langeweile auf!

INHALT

DER FRÜHLING 6–39

DER SOMMER 40–75
DER SOMMER – SPEZIAL 62–68

DER HERBST 76–107

DER WINTER 108–143
DER WINTER – SPEZIAL 128–133

REGISTER 144

Der Frühling

Frühlingserwachen

Wenn der letzte Schnee geschmolzen ist, die Tage wieder länger werden und du es spüren kannst, dass die Natur zu neuem Leben erwacht – dann ist der Frühling da. Die Wiesen werden grün, die ersten Blumen beginnen zu blühen und du kannst die Vögel zwitschern hören. Das ist die beste Zeit, mit allen Sinnen die Natur zu erleben.

Der astronomische Frühling beginnt bei uns auf der Nordhalbkugel zwischen dem 19. und 21. März. An welchem Datum exakt hängt davon ab, wann Tag und Nacht genau gleich sind, also jeweils zwölf Stunden anhalten. Er dauert bis zum 21. Juni, bevor offiziell der Sommer einkehrt.

Für die Meteorologen, also Wetterforscher, beginnt der Frühling schon eher, nämlich am 1. März. Er endet nach drei Monaten am 31. Mai.

Aprilwetter

Egal nach welchem Kalender du dich richtest, wenn das Wetter es zulässt, heißt es „ab nach draußen und den Frühling genießen". In diesen drei Monaten wird es nicht nur heller und bunter draußen, sondern auch milder und lebendiger. Du wirst sicher den einen oder anderen verregneten Tag erleben, an dem es nasskalt oder etwas stürmisch sein kann. Diesen kannst du nutzen, um mit Gummistiefeln im Matsch zu spielen. Der April ist besonders bekannt für wechselhaftes Wetter, das sprichwörtliche „Aprilwetter": Gerade eben hast du dich in der Sonne vergnügt, fängt es plötzlich an zu schauern. Zum Glück werden diese feuchten Tage im Laufe der Wochen weniger und die Sonnenstrahlen spenden dir immer mehr Wärme.

Aufstehen, bitte!

Nicht nur wir Menschen haben das Bedürfnis, im Frühling möglichst viel draußen zu sein und die Sonnenstrahlen „aufzusaugen", auch die Tiere werden wieder aktiver. Viele kleine Säugetiere, wie der Igel oder die Fledermaus, erwachen aus ihrem Winterschlaf. Für Eidechsen, Frösche und Schildkröten geht die Winterstarre zu Ende. Auch das Eichhörnchen, das der Frühling aus seiner Winterruhe weckt, kannst du wieder beobachten, wie es mit seinem puscheligen Schwanz die Bäume hochklettert.

Der Frühling

Der Frühling

Neues Leben im Tierreich

Zugvögel kehren aus ihren Winterquartieren aus wärmeren Gegenden zu uns zurück. Oft kannst du am Himmel Vogelschwärme bei ihrer Rückkehr beobachten. Morgens und auch in den Abendstunden kannst du nun den Gesängen vieler Vögel lauschen. Meistens sind es die Männchen, die vor sich hin trällern, um ihr Revier abzugrenzen und um ein Weibchen auf sich aufmerksam zu machen. Denn im Frühling ist Paarungszeit in der Tierwelt. Die Vögel beginnen eifrig mit dem Nestbau. Hast du schon ein Vogelnest im Garten oder Park entdeckt? Von März bis Mai ist die Zeit, in der viele Tiere ihre Jungen bekommen. Du kannst kleine Lämmer, mitunter schon vor Ostern, auf der Wiese beobachten oder Entenküken auf dem See, wie sie ihren Eltern hinterherschwimmen.

Ebenso beginnen die Insekten wieder umherzusummen und umherzuschwirren. Sie fliegen von Blüte zu Blüte, um die Pflanzen zu bestäuben und den süßen Nektar zu naschen. Die kleinen Marienkäfer gehören dabei zu den beliebtesten Frühlingsboten.

Alles wächst und sprießt

Nicht nur für Tiere, auch für Pflanzen ist der Frühling die Zeit des Wachsens und Gedeihens. Dabei sind die Pflanzen auf die Tiere angewiesen und die Tiere auf die Pflanzen. Insekten bestäuben die Blüten der Blumen und einige Pflanzensamen werden durch die Vögel verbreitet. Vögel hingegen nutzen Äste, Blätter und Moos zum Nestbau. Und vor allem bieten Pflanzen Nahrung für Tiere. Gerade im Frühling erhalten die Pflanzen mehr Sonnenlicht und wandeln dieses in Energie um, sodass sie wachsen, grünen und blühen. Es ist eine schöne Zeit voller Veränderungen, wenn sich das erste Schneeglöckchen durch den Schnee kämpft, die Pflanzen sprießen und Knospen bilden bis hin zu dem Augenblick, wenn der Wald in sattem Grün uns zu einem herrlichen Spaziergang einlädt.

Raus ins Beet

Das Frühjahr ist zugleich ein arbeitsreicher Zeitraum für die Gartenfreunde. Saatgut wird ausgesät, Pflanzen werden in die Erde gesetzt. Allerdings solltest du als Hobbygärtner dabei berücksichtigen, dass es bis zu den Eisheiligen Mitte Mai noch Frost geben kann und einige empfindliche Pflanzen diesen nicht mögen. Doch spätestens ab dem 15. Mai heißt es überall: „Hurra, der Frühling, der ist da".

RADIESCHEN AUSSÄEN

Radieschen schmecken nicht nur lecker, sie können auch kinderleicht angebaut werden. Du kannst sie bereits ab März im Freiland aussäen und wenige Wochen später ernten.

Dazu benötigst du:
- Beet mit Erde
- Harke
- Holzstock
- ein Radieschen-Saatband, 6 Meter lang
- Maßband
- Gießkanne

So wird's gemacht:

1. Lockere mit einer Harke die Erde auf, in die du die Radieschen säen möchtest.
2. Mit einem Holzstock oder dem Stiel eines Gartenwerkzeuges ziehst du eine etwa ein Zentimeter tiefe Furche in den Boden. Das ist die Reihe für das Saatgut.
3. Dann legst du das Saatband in die Rille und bedeckst es mit Erde.
4. Möchtest du mehrere Reihen Radieschen aussäen, wiederholst du die Schritte 2 und 3. Der Abstand der Reihen sollte mindestens zehn Zentimeter sein.
5. Nach dem Aussäen gießt du den Boden. Achte darauf, dass die Erde in den nächsten Wochen immer gleichbleibend feucht ist. Der Boden sollte aber nicht zu nass sein.
6. Nach vier bis sechs Wochen kannst du die Radieschen ernten. Wenn die Knollen aus der Erde herausragen, sind sie reif.

Rote Vitaminbomben

Die kleinen roten Knollen sind mitunter etwas scharf, doch sehr gesund. Sie besitzen viele Vitamine und Mineralstoffe wie Kalzium, das für den Aufbau der Knochen wichtig ist.

TIERSPUREN LESEN

Bei einem Spaziergang im Wald oder auf der feuchten Wiese sind dir zum Beispiel auf einem lehmigen Pfad bestimmt schon Fußspuren von Tieren aufgefallen. Versuche beim nächsten Ausflug, anhand der Abdrücke im weichen Boden zu erkennen, welches Tier unterwegs war.

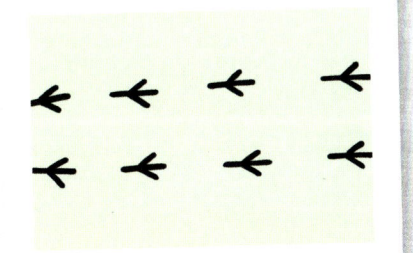

Vogel
Der Fußabdruck von einem Vogel sieht aus wie ein kleiner Ast. Von der Mitte gehen drei feine Linien nach vorn und eine nach hinten.

Hase oder Kaninchen
Die Fährten von Hase und Kaninchen haben eine Y-artige Anordnung. Die langen, kräftigen Hinterpfoten hinterlassen zwei rundliche Abdrücke übereinander. Darüber findest du zwei nebeneinanderliegende, längliche Abdrücke der Vorderpfoten.

Reh
Rehspuren erkennst du an den Hufabdrücken, denn Rehe gehören wie auch Hirsche und Rinder zu den Paarhufern. Jeder Huf besteht aus zwei sogenannten Schalen und läuft nach oben hin spitz zu. Ein Abdruck vom Reh kann etwa bis zu fünf Zentimeter lang sein.

Hund oder Wolf
Der Pfotenabdruck eines Hundes weist vier Zehen mit Krallen und einen Sohlenballen auf. Vergleichst du die Hundespuren mit denen eines Wolfes, so ist der Fußabdruck vom Wolf größer und auch ovaler als der vom Hund.

Der Frühling

11

OSTERSTRAUSS AUFSTELLEN

Es ist ein alter Brauch, kurz vor Ostern Zweige zu schneiden und in der Wohnung aufzustellen. Sie erinnern nicht nur an die Wiedergeburt Christi, sondern auch an das Wiedererwachen der Natur. Denn nach wenigen Tagen beginnen die Zweige auszuschlagen.

Dazu benötigst du:
- Vase
- Zweige von Forsythien, Haselnuss, Obstbäumen oder Birken
- Blumenschere
- Dekorationsmaterial wie ausgeblasene, bemalte Eier, Schleifen, bunte Federn
- Klebstoff

So wird's gemacht:
1. Fülle eine Vase mit Wasser und stelle sie auf den Boden. Die Größe der Vase richtet sich nach der Länge der Zweige.
2. Schneide die Zweige ab. Du kannst sie alle gleich lang abschneiden oder in verschiedenen Längen.
3. Stecke die Zweige in die Vase. Bei unterschiedlicher Länge gruppierst du die längsten in der Mitte. Zum Vasenrand hin werden die Zweige immer kürzer.
4. Hänge anschließend die selbst dekorierten Eier an die Zweige. Du kannst um die Äste auch Schleifen binden oder an die Spitzen der Zweige bunte Federn kleben. So dekorieren Skandinavier ihre Ostersträuße.

OSTEREIER FÄRBEN

Ostereier färben ist seit vielen Jahrhunderten Tradition. Möchtest du sie auf natürlichem Wege färben, dann benutze selbst gemachte Pflanzenfarben.

Dazu benötigst du:
- Kochtopf
- 100 Gramm Kaffee oder Schwarztee (für braune Eier)
- Rote Bete oder Rotkohl (für rote Eier)
- Spinat (für grüne Eier)
- Messer, Holzbrett
- weiße Eier
- Essig
- Sieb, Behälter für Sud
- Schüssel, Esslöffel, Eierpikser
- Küchenkrepp
- Speiseöl

So wird's gemacht:

1. Zunächst stellst du den Farbsud her. Für die braunen Eier kochst du Kaffee oder Tee in einem Liter Wasser auf und lässt ihn 30 Minuten ziehen. Für die roten oder grünen Eier schneidest du das Gemüse klein und gibst es jeweils für eine halbe Stunde in kochendes Wasser.

2. Die Teeblätter oder den Kaffeesatz sowie die Gemüsesorten fängst du mit einem Sieb auf und gießt den jeweiligen Sud immer in einem anderen Behälter auf.

3. Die Eier legst du ein paar Minuten in ein Essigbad, damit sie die Farbe besser annehmen. In einer Schüssel vermischt du dazu einen Liter Wasser mit einem Esslöffel Essig. Dann stichst du mit dem Pikser in die runde Seite des Eis.

4. Erhitze nun den Farbsud und gib die Eier mit dem Löffel vorsichtig ins kochende Wasser. Nach zehn Minuten sind die Eier hart gekocht – du kannst den Topf vom Herd nehmen und die Eier im Sud abkühlen lassen.

5. Sind die Eier kalt und trocken, reibst du sie mithilfe eines Stücks Küchenkrepp mit einem Schuss Speiseöl ab. Dann glänzen die Farben schön.

Der Frühling

Eier Auspusten und Bemalen

Ostern ohne Ostereier ist undenkbar! Wie du aus einem normalen Hühnerei ein Osterei machst, erfährst du hier.

Dazu benötigst du:
- Eier
- Spülmittel
- Nadel
- Schüssel
- Wasserfarben, Pinsel
- Buntstifte
- Wachsmalkreide
- Finger- oder Plakafarben
- Schaschlikspieß
- Faden, Streichholz oder Zahnstocher

So wird's gemacht:

1. Wasche die Eier mit warmem Wasser und Spülmittel ab.
2. Mit einer großen Nadel pikst du das Ei oben und unten an. Ganz vorsichtig vergrößerst du die Löcher und hältst das Ei dabei über eine Schüssel.
3. Sind die Löcher etwa einen halben Zentimeter groß, bläst du in das obere Loch, bis der Inhalt in der Schüssel landet. Danach spülst du das Ei mit Wasser aus und lässt es trocknen.
4. Jetzt geht es ans Bemalen. Besonders viel Spaß macht es mit den Fingern. Du kannst Streifen, Punkte, Motive und Muster mit den unterschiedlichsten Stiften aufmalen. Benutzt du Wasserfarben, steckst du das Ei am besten auf einen Schaschlikspieß.
5. Zum Aufhängen der Eier bindest du einen Faden an ein Stück Streichholz oder Zahnstocher. Diesen schiebst du in eines der Löcher, sodass sich das Holzstück quer stellt.

TIERKINDERSTUBE

Das Frühjahr ist die beste Zeit, um Vögel zu beobachten und ihren Gesängen zu lauschen. Die Vögel suchen jetzt nicht nur Futter für sich selbst, sondern auch für ihre Jungen. Solltest du sogar einen verlorenen Jungvogel finden, erfährst du hier, wie du dich am besten verhältst.

Dazu benötigst du:
- eventuell Fernglas oder Fernrohr
- Bestimmungsbuch oder andere Hilfsmittel zur Vogelbestimmung

So wird's gemacht:
1. Zum Beobachten von Vögeln begibst du dich am besten in einen Park oder Garten.
2. Schleiche dich möglichst leise, unauffällig und langsam an die Vögel oder an das Nest heran. Wichtig: Halte Abstand zum Nest.
3. Konzentriere dich darauf, eine oder wenige Vogelarten zu beobachten. Erforsche genau das Aussehen (Kopf, Beine, Gefieder), den Gesang und das Verhalten. Ein Fernglas oder -rohr kann dabei hilfreich sein. Möchtest du ein richtiger Profi werden, nimm ein Bestimmungsbuch oder ein anderes Hilfsmittel zu Hilfe.
4. Findest du einen nackten, hilflosen Jungvogel, der aus dem Nest gefallen ist, kannst du ihn vorsichtig ins Nest zurücksetzen.
5. Jungvögel, die sich allein im Geäst oder auf dem Boden aufhalten und nach Futter suchen, solltest du erst einmal eine Stunde beobachten. Meistens kommen die Vogeleltern und kümmern sich um sie. Ist das nicht der Fall, wende dich an einen Vogelexperten oder eine Pflegestation.

Der Frühling

BLUMENSTRAUSS BINDEN

Ein Blumenstrauß gehört nicht nur zu jedem Geburtstag, sondern eignet sich auch als schönes Mitbringsel und als Gruß aus der Natur. Vielleicht findest du im Garten oder am Wegesrand schöne Blumen und Schnittgrün, das du zu einem einzigartigen Strauß binden kannst.

Dazu benötigst du:
- Blumen
- Gräser
- Schnittgrün
- Schere oder Messer
- Naturbast

So wird's gemacht:
1. Als Erstes entfernst du die unteren Blätter vom Stiel der Blumen.
2. Du beginnst den Strauß mit der Hauptblüte in der Mitte. Das kann entweder die längste Blume oder diejenige mit der größten Blüte sein. Bist du Rechtshänder, hältst du die Blume in der linken Hand.
3. Um die Hauptblüte legst du Gräser, grüne Blätter und die anderen Blumen leicht schräg herum. Die Stiele überkreuzen sich dabei. Damit der Strauß gleichmäßig wird, dreh ihn zwischendurch.
4. Hast du den Strauß fertig gebunden, umwickele ihn mit Naturbast an der Stelle, an der du ihn festhältst. Danach verknotest du das Band.
5. Zum Schluss kürzt du die Stängel auf eine einheitliche Länge und schneidest sie unten schräg an.

SPIELE MIT EIERN

Zu Ostern dreht sich bekanntlich alles um Eier. Damit der Spaß nicht zu kurz kommt, könnt ihr euch erst mit ein paar Spielen vergnügen, bevor ihr die hart gekochten Eier verzehrt.

Dazu benötigst du:
- mindestens 2 Spieler
- hart gekochte Eier

Eierrollen
1. Die Spieler stellen sich an die Startlinie an einen Hang oder auf einen Hügel.
2. Auf ein Startkommando hin rollen oder werfen alle die Eier den Hang hinunter.
3. Wessen Ei am weitesten kommt, ohne kaputtzugehen, hat gewonnen.

Eierkampf
1. Zwei Spieler spielen immer gegeneinander.
2. Auf ein Startkommando hin stoßen die Kontrahenten ihre Eier an derselben Seite (runde oder spitze Seite) gegeneinander. Werden beide Eier zur gleichen Zeit beschädigt, wird mit der anderen Seite weitergespielt.
3. Gewonnen hat derjenige, dessen Ei am wenigsten angeschlagen ist.

Eierwerfen
1. Zwei Spieler stehen sich gegenüber. Wenn ihr mehr seid, stellen sich alle in einem Kreis auf.
2. Ein Spieler ruft den Namen eines Mitspielers und wirft diesem das Ei zu. Fängt der Mitspieler das Ei, so nennt er den Namen eines Mitspielers, dem er das Ei zuwirft. Lässt jemand das Ei fallen, scheidet er aus.
3. Wer als Letztes übrig bleibt, hat gewonnen.

Der Frühling

Wildblumenwiese für Schmetterlinge anlegen

Möchtest du Schmetterlinge und andere Insekten beobachten, wie sie von Blüte zu Blüte fliegen und dort den zuckerhaltigen Nektar aussaugen? Dann lege eine Wiese mit heimischen Wildblumen und Wildkräutern an.

Dazu benötigst du:
- Erde, eventuell Sand
- Schaufel
- Harke
- Samen von heimischen Wildblumen und Kräutern wie Fetthenne, Klatschmohn, Lavendel, Thymian, Disteln
- Gießkanne

So wird's gemacht:

1. Suche mit einem Erwachsenen einen geeigneten Platz für die Schmetterlingswiese. Er sollte möglichst sonnig sein. Ist die Erde sehr nährstoffreich, kannst du sie mit Sand vermischen. Viele Wildblumen wachsen so besser.
2. Hast du dich für ein Stück Rasen entschieden, trägst du mit einer Schaufel den Rasen ab.
3. Soll deine Wiese in einem Beet wachsen, lockere den Boden vorher mit einer Harke auf.
4. Dann mischt du die Wildblumen- und Kräutersamen gut durch und verteilst sie großzügig über die Fläche.
5. Zum Schluss gießt du den Boden. Sollte es lange nicht regnen, wässerst du die Fläche zweimal die Woche.

Für Balkongärtner

Du kannst die Wildblumen auch in einem Blumenkasten auf dem Balkon anlegen. Einfach die Erde und den Sand im Blumenkasten mischen, die Samen darauf verteilen, gießen und dann an einen sonnigen Platz stellen.

KRÄUTERQUARK

Steht dein Kräuterbeet in voller Pracht, kannst du deine Mühe mit einem selbst gemachten Kräuterquark belohnen. Am besten schmeckt er auf Brot oder zu Pellkartoffeln.

Dazu benötigst du:
- frische Kräuter (zum Beispiel Schnittlauch, Petersilie, Bärlauch, Dill, Kerbel, Kresse, Frühlingszwiebel, Knoblauch)
- Messer oder Schere
- Holzbrett
- Quark
- Sieb
- kleine Schüssel oder Schale, Rührlöffel
- Olivenöl, Sahne oder Joghurt
- Pfeffer und Kräutersalz
- 1 Spritzer Zitronensaft

So wird's gemacht:
1. Als Erstes erntest du die Kräuter: Mit einem Messer oder einer Schere schneidest du die Blätter oder Stiele ab. Bei vielen Kräutern ist es wichtig, sie regelmäßig zu ernten, damit die Pflanzen nachwachsen.
2. Nachdem du die Kräuter abgewaschen und abgetupft hast, schneidest du sie mit einem Messer klein.
3. Lass den Quark in einem Sieb abtropfen. Verrühre ihn dann nach Belieben mit etwas Öl, Sahne oder Joghurt.
4. Gib nun die klein gehackten Kräuter, Pfeffer, Kräutersalz und einen Spritzer Zitronensaft hinzu und verrühre alles.
5. Den Kräuterquark lässt du mindestens eine Stunde im Kühlschrank durchziehen.

Der Frühling

MALEN IM MATSCH

Ist der Boden nach einem Regenguss so richtig matschig, dann rein in die alten Klamotten und raus in den Schlamm, um dort nach Herzenslust Spuren zu hinterlassen!

Dazu benötigst du:
- feste Schuhe
- feuchten Boden
- Naturmaterialien wie Äste, Moos, Blätter

So wird's gemacht:

1. Mit deinen Händen und dem Profil deiner Schuhe kannst du Abdrücke im Matsch hinterlassen. Mit den Abdrücken kannst du tolle Muster bilden.

2. Mit einem Stock malst oder schreibst du etwas in die Matschepampe. Das können lustige Gesichter, Bilder oder Sprüche sein.

3. Nimm eine große Portion Matsch in die Hand und wirf sie an einen Baumstamm. Daraus formst du eine Fratze oder einen Waldgeist, den du mit Ästen, Moos oder Blättern schmückst. Aus einem Gemisch von Naturmaterialien und Matsch kannst du auch Häuser, Figuren oder Türme bauen.

4. Besonders viel Spaß macht es, in den Matsch zu springen – platsch, und er spritzt hoch. Seid ihr in einer Gruppe, findet heraus, bei wem der Matsch am höchsten spritzt.

Der Frühling

BLÜHENDE PRACHT

Besonders beeindruckend ist es, im Frühjahr zu beobachten, wie die Pflanzen Knospen treiben und zu blühen beginnen. Übrigens duften viele Blumen so herrlich intensiv, weil ihre Blüten Insekten für die Bestäubung anlocken sollen. Versuche, die bekanntesten Blumen zu bestimmen.

Schneeglöckchen

Das Schneeglöckchen blüht nicht nur weiß wie Schnee, sondern kämpft sich oft durch den letzten Schnee ans Licht. Damit ist es einer der ersten Frühlingsblüher. Die Pflanze besitzt zwei bis drei lange und schmale Blätter. Die Blüte der bis zu 15 Zentimeter hohen Pflanze ist nach unten geknickt.

Krokus

Die kleinen Krokusse sorgen für leuchtende Farbtupfer in Gärten und Parks. Die trichterförmigen Blüten sind häufig weiß, gelb, lila oder bläulich. Die schlanken grünen Blätter weisen weiße Streifen auf.

Osterglocke

Die Osterglocke ist vermutlich die bekannteste Frühlingsblume, die zur Osterzeit ihre weiße, gelbe oder orangefarbene Blüte öffnet. Diese befindet sich an einem langen Stängel, umgeben von schlanken Blättern.

Maiglöckchen

Das Maiglöckchen besitzt mehrere kleine weiße Blüten an einem Stängel. Die abgeknickten Blüten sind glockenartig und duften süßlich.

Der Frühling

GÄNSEBLÜMCHENKRANZ BINDEN

Der Volksmund sagt: „Wenn man sieben Gänseblümchenblüten auf einmal mit dem Fuß bedecken kann, ist der Frühling da." Eine grüne Wiese voller Gänseblümchen ist ein wunderschöner Anblick. Die Freude darüber kannst du nur mit einem selbst gebundenen Gänseblümchenkranz steigern.

Dazu benötigst du:
- Gänseblümchen

So wird's gemacht:

1. Pflücke auf einer Wiese Gänseblümchen. Am besten eignen sich Blümchen mit einem langen und festen Stiel.
2. Nimm ein Blümchen und ritze mit dem Fingernagel den Stiel ein. Am besten schneidest du etwa fünf Millimeter unterhalb der Blüte den Stängel ein, sodass dort ein kleiner Spalt entsteht.
3. Durch diesen Spalt schiebst du den Stiel des nächsten Gänseblümchens, bis die Blüte dort hängen bleibt.
4. Den Stängel dieses Blümchens ritzt du wieder ein und steckst die nächste Blume hindurch. Du wiederholst diese Schritte so lange, bis die Blumenkette lang genug ist.
5. Den Spalt im Stiel des letzten Blümchens musst du etwas länger einkerben. Durch diesen Spalt steckst du die Blüte des ersten Gänseblümchens.

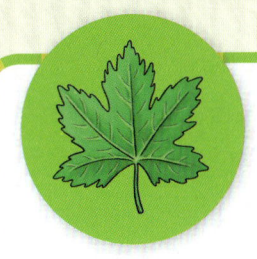

Staudamm am Bach bauen

Am Wasser zu spielen und einen Damm zu bauen, ist ein Erlebnis! Am besten arbeitet ihr mit mehreren daran, nehmt aber auch einen Erwachsenen mit. Große Äste oder schwere Steine könnt ihr einfacher zu zweit schleppen und manchmal hilft es, wenn einer einen Ast festhält, während die anderen kleinere Stöcke daran anbauen.

Dazu benötigst du:
- Gummistiefel
- Äste
- Stöcke
- Steine verschiedener Größe
- Sand, Matsch, Schlamm, Blätter

So wird's gemacht:
1. Zieht euch Gummistiefel an und tragt als Erstes alle Materialien aus der Natur zusammen, die ihr zum Bauen eines Staudamms benötigt.
2. Als Grundlage rammt ihr kurze, dicke Äste in das Bachbett von einer Seite zur anderen.
3. Hinter diese Äste schichtet ihr längere Äste und Stöcke quer auf, sodass das fließende Wasser sie gegen die dicken Äste drückt.
4. Vor die Äste schichtet ihr Steine auf. Fangt unten mit den großen Steinen an und benutzt kleinere Steine, je höher ihr sie aufstapelt.
5. Die Zwischenräume des Staudamms könnt ihr mit Sand, Matsch, Schlamm oder Blättern abdichten, damit er stabiler und undurchlässiger für Wasser wird.
6. Wenn ihr mit dem Spielen am Bach fertig seid, baut ihr den Damm wieder ab.

Der Frühling

VOGELNESTER BAUEN

Hast du schon einmal ein Vogelnest aus der Nähe betrachtet? Es ist ein kleines Meisterwerk, wie geschickt die Vögel Zweige und Äste mit ihrem Schnabel verflechten. Probiere, ein Vogelnest aus natürlichen Materialien nachzubauen.

Dazu benötigst du:
- Schüssel, Schale oder große Tasse
- dünne, biegsame Zweige
- Äste
- Moos, Blätter, Gras, Heu
- Erde
- Federn, Wolle

So wird's gemacht:
1. Nimm ein rundes Gefäß und lege den Boden und die Seiten mit dünnen Zweigen und Ästen aus. Das Gezweig verflechtest und verkreuzt du, sodass Zweige und Äste ineinanderstecken.

2. Die Zwischenräume füllst du mit Moos, Blättern, Gras und Heu aus.

3. Damit das Vogelnest noch mehr Festigkeit bekommt, vermischt du etwas Wasser mit Erde und verklebst mit dem Matsch die Naturmaterialien.

4. Ist das Nest trocken, polsterst du es mit Federn und Wolle aus.

5. Zum Schluss nimmst du das Nest aus dem Gefäß heraus. Du kannst es zur Dekoration aufstellen und beispielsweise bunte Eier reinlegen.

KOMPOSTHAUFEN BAUEN

Viele Gartenabfälle wie Laub, welke Blätter, Apfelgehäuse oder Kartoffelschalen kannst du auf einen Komposthaufen werfen. Nach einigen Monaten entsteht daraus nährstoffreiche Komposterde für die Pflanzen. Baue dir einen eigenen Komposthaufen am besten zusammen mit einem Erwachsenen.

Dazu benötigst du:
- Metallgitter oder Drahtgeflecht aus dem Baumarkt (zum Beispiel 1 Meter lang, 2 Meter breit; das Gitter sollte recht feinmaschig sein, sonst fallen die Abfälle heraus)
- Blumendraht
- 2 Latten (Länge entsprechend der Länge des Drahtgeflechts)
- 3 Schrauben
- Schraubenzieher

So wird's gemacht:
1. Biege das Metallgitter längs so zusammen, dass eine Röhre entsteht.
2. Mit dem Blumendraht verknotest du an mehreren Stellen die beiden Längsseiten, die sich etwas überlappen sollten.
3. Stelle die Röhre senkrecht auf. Damit der Kompostbehälter stabiler steht, befestigst du zwei Holzlatten aneinander. Eine Holzlatte hältst du von innen an den Draht, die andere an derselben Stelle von außen.
4. Die drei Schrauben schraubst du mithilfe des Schraubenziehers oben, in der Mitte und unten durch die beiden Latten und den Draht.
5. Stelle den Komposthaufen an einem windgeschützten Platz im Halbschatten auf, der bequem zu erreichen ist.

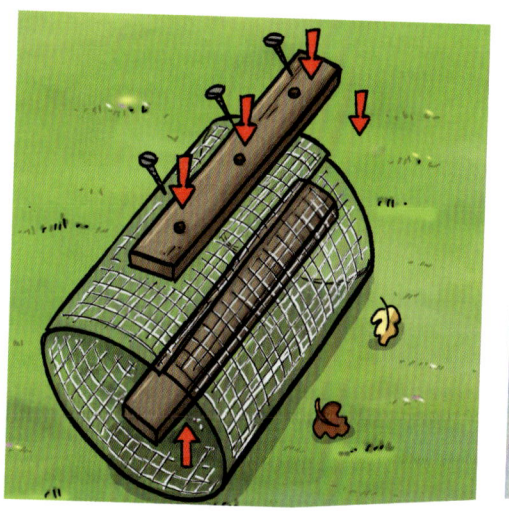

Der Frühling

NATURTURNSTUNDE

Fitness und Natur passen gut zusammen. Mit natürlichen Sportgeräten und in der Gruppe macht das Training an der frischen Luft noch mehr Spaß.

Dazu benötigst du:
- herumliegende Baumstämme
- Steine
- Äste
- Bäume

So wird's gemacht:

1. Zu Beginn des Trainings müsst ihr euch langsam aufwärmen und dehnen: Stellt euch die Tiere vor, die in der Natur leben und ahmt ihre Bewegungen nach. Der Bär geht schwerfällig auf allen Vieren. Der Frosch geht breitbeinig in die Hocke und hüpft. Die Ente watschelt mit ihren beiden Füßen. Eine Katze kann sich ganz weit strecken und macht dabei einen Katzenbuckel.

2. Um dann richtig in Schwung zu kommen, macht ihr zehn Hampelmänner.

3. Baut euch einen Parcours aus Baumstämmen, Steinen oder Ästen. Dann springt ihr über die Hindernisse, ohne sie zu berühren.

4. Balanciert auf Baumstämmen. Gewinner ist, wer am weitesten kommt, ohne runterzufallen.

5. Lauft Slalom um Bäume herum.

6. An kräftigen Ästen macht ihr Klimmzüge.

7. Gerade Äste könnt ihr zum Speerwerfen benutzen. Ihr müsst nicht nur mit Kraft weit werfen, sondern auch genau zielen, um keinen Baum zu treffen.

Der Frühling

NISTHOLZ FÜR WILDBIENEN BAUEN

Wildbienen sind in den letzten Jahren immer mehr gefährdet, da ihr Lebensraum schrumpft. Baue mithilfe eines Erwachsenen ein Nistholz für die summenden Insekten, damit sie auch zukünftig die Blüten bestäuben können.

Standort

Stell das Nistholz an einem sonnigen, regen- und windgeschützten Platz auf. Am besten du hängst es in ein bis zwei Meter Höhe auf, damit die Bienen es gut anfliegen können.

Dazu benötigst du:
- 1 unbehandelte Baumscheibe oder Block aus Hartholz (Buche, Eiche, Esche)
- Bohrmaschine mit verschieden großen Bohrern
- Schmirgelpapier
- Metallwinkel
- Schrauben

So wird's gemacht:

1. Mithilfe eines Erwachsenen bohrst du unterschiedlich große und tiefe Löcher in das Stück Holz. Der Durchmesser der Löcher sollte zwischen zwei und zehn Millimeter betragen. Die Tiefe der Löcher kann zwischen fünf bis zehn Zentimeter sein.

2. Achte darauf, dass gerade die größeren Löcher etwa zwei Zentimeter voneinander entfernt liegen, da sonst Risse im Holz entstehen können. Nach dem Bohren schmirgelst du die Oberfläche des Holzes ab, da Holzfasern abstehen können.

3. Befestige einen Metallwinkel mit Schrauben oben auf dem Nistholz. Schraube den Nistblock an einer Mauer oder Wand an.

Der Frühling

OSTERNEST BASTELN

Bei einem Spaziergang durch den Wald und übers Feld kannst du in der Natur alles sammeln, was du für ein Osternest brauchst. In das Nest legst du dann die gefundenen Schokoeier oder die bunt gefärbten Ostereier.

Dazu benötigst du:
- Reben- oder Weidenzweige
- Blumendraht
- Moos, Heu oder Stroh

So wird's gemacht:
1. Nimm ein paar Zweige und forme daraus einen Kranz. Sollten die Zweige nicht biegsam sein, lege sie einen Tag vor dem Basteln in Wasser ein. Fixiere den Kranz mit Blumendraht, indem du Draht darum wickelst.
2. In das Grundgerüst flichtst du weitere Zweige ein und befestigst diese wieder mit Draht, sodass der Ring größer und stabiler wird. Achte darauf, dass der Draht gut von Zweigen verdeckt wird, damit er nicht allzu sichtbar ist.
3. Für den Boden steckst du auf der unteren Seite dünne, biegsame Zweige in den Kranz. Sie sollten sich dabei überkreuzen.
4. Das Nest polsterst du mit Moos, Heu oder Stroh aus, bedecke dabei den Boden vollständig.

Der Frühling

KRÄUTERBEET ANLEGEN

Immer nur den Eltern beim Gärtnern zuzuschauen, ist auf Dauer langweilig. Lege dir ein eigenes Kräuterbeet an, um das nur du dich kümmerst! Die beste Zeit zum Aussäen im Garten ist der Mai.

Dazu benötigst du:
- Harke
- Schaufel
- Kräuterpflanzen oder -samen
- Gießkanne

Lichtkeimer

Die Samen von Lichtkeimern musst du nicht mit Erde bedecken. Dazu gehören Basilikum und Thymian. Sie brauchen Licht, Sauerstoff und Wasser zum Keimen. Drücke sie einfach auf der Erde fest.

So wird's gemacht:

1. Suche ein geeignetes Plätzchen für dein Kräuterbeet. Dieses sollte sonnig und leicht zugänglich sein und eine Größe von etwa 50 Zentimetern bis einen Meter in Länge und Breite besitzen.

2. Lockere den Boden mit einer Harke auf und befreie ihn von Unkraut.

3. Möchtest du Kräuter aussäen, drückst du mit dem Stiel einer Schaufel eine kleine Rille in die Erde. In die Furche streust du die Kräutersamen. Im Vergleich zur fertigen Pflanze sind die Samen winzig, säe deshalb nicht zu viel. Danach bedeckst du die Aussaat mit etwas Erde und begießt sie. Die einzelnen Reihen sollten mindestens zehn Zentimeter voneinander entfernt liegen.

4. Für fertige Kräuterpflanzen gräbst du mit der Schaufel ein Loch in den Boden, gibst diese hinein und drückst die Erde darum herum fest. Gieße sie dann vorsichtig.

Der Frühling

BEETUMRANDUNG MIT MARIENKÄFER-STEINEN

Hast du dein eigenes Kräuterbeet angelegt, fehlt nur noch eine niedliche Umrandung aus Steinen. Ein einfaches Rechteck wirkt langweilig, lass das Beet lieber von einem kleinen Tierchen umrahmen.

Dazu benötigst du:
- ovale Steine
- rote, schwarze, weiße Acrylfarben
- Pinsel
- Sprühklarlack

So wird's gemacht:
1. Wasche die Steine gründlich ab und lass sie trocknen.
2. Mit der roten Farbe bemalst du die Oberseite der Steine und lässt sie trocknen.
3. Mit der schwarzen Farbe ziehst du längs mittig einen Strich über die rote Oberseite.
4. Für den Kopf des Käfers malst du die Spitze des Steines schwarz an.
5. Dann malst du auf jeden roten Flügel ein paar schwarze Punkte. Bei echten Marienkäfern sind die Punkte auf beiden Flügeln gleich angeordnet.
6. Ist die Farbe trocken, malst du zwei weiße Augen auf den Kopf.
7. Zum Schluss besprühst du die Marienkäfer mit Klarlack, damit die Farbe jedem Wetter standhält.
8. Umrande nun dein Kräuterbeet mit den Steinen.

Blumenwiese aus getrockneten Blumen

Ein schönes Andenken an einen herrlichen Frühling ist ein Bild aus gepressten Blumen – für dich selbst und zum Verschenken.

Dazu benötigst du:
- Blumen und Blätter
- Küchenkrepp oder Zeitungspapier
- dickes Buch zum Blumenpressen
- dicke Bücher oder Steine zum Beschweren
- Papier mit Struktur
- Klebstoff
- Klarlack oder Glitzerstift
- Pinsel

So wird's gemacht:

1. Als Erstes pflückst du deine Lieblingsblumen im Garten oder am Wegesrand. Dünne Blüten lassen sich besser pressen und verarbeiten.

2. Dann trocknest du sie: Lege sie zwischen zwei Blätter Küchenkrepp oder Zeitungspapier in ein dickes, schweres Buch. Achte darauf, dass die Blüten offen sind und die Blätter sich gut entfalten. Das Buch schließt du und beschwerst es mit anderen dicken Büchern oder großen Steinen.

3. Nach zwei Wochen kannst du mit dem Gestalten der Blumenwiese beginnen: Klebe die Blumen und Blätter vorsichtig auf ein Stück Papier. Bei der Anordnung der Blumen sind dir keine Grenzen gesetzt. Du kannst beispielsweise nur die Blüten dicht an dicht aufkleben, sodass es wie ein Blick von oben auf eine Wiese aussieht.

4. Zum Schluss kannst du die aufgeklebten Blumen mit Klarlack oder Glitzer bestreichen.

OSTERDEKORATION MIT AUSGEBLASENEN EIERN

Ausgeblasene Eier lassen sich nicht nur an einen Osterstrauß hängen. Aus ihnen kannst du auch Tischdekoration oder einen Osterkranz für die Tür basteln.

Dazu benötigst du:
- ausgeblasene Eier
- Filzstift
- Wasser- oder Acrylfarben
- Pinsel
- buntes Tonpapier
- Schere
- Metermaß
- Bastelkleber
- Zwirn
- Schleife

So wird's gemacht:

Osterhase

1. Male das Ei in einer Farbe deiner Wahl an und lass es trocknen.
2. Schneide ein 15 Zentimeter mal drei Zentimeter langes Stück Tonpapier in der Farbe deiner Wahl aus und klebe die schmaleren Seiten zusammen. Das ist der Ständer für das Ei.
3. Schneide zwei lange Hasenohren aus dem Tonpapier aus und klebe sie hinten oben an das Ei.
4. Mit einem Stift malst du die Augen, die Nase und den Mund auf das Gesicht des Hasen. Auf den Ständer kannst du noch Füße malen.

Osterkranz

1. Male etwa zwölf Eier an, am besten drei Eier im selben Stil, beispielsweise einfarbig, gepunktet, schwarz-weiß oder gestreift.
2. Fädle die Eier auf den Zwirn, sodass ein Muster entsteht. Also ein Ei in einer Farbe deiner Wahl, eines gepunktet, schwarz-weiß oder gestreift und noch einmal von vorn.
3. Bilde einen Kranz aus den Eiern und verknote oben den Zwirn. Zum Schluss kannst du ihn oben mit einer Schleife verschönern und an die Tür hängen.

GRASKOPF

Bastle dir einen lustigen Kopf, dem Haare wachsen! Ist der Schopf lang genug, kannst du sogar Zöpfe daraus binden.

Dazu benötigst du:
- Grassamen
- Nylonstrumpfhose oder Nylonsocke
- Sägespäne
- Schere
- Band
- 2 Knöpfe
- Nadel, Faden
- roten und weißen Filz
- Alleskleber
- flache Schale oder Untertasse
- Gießkanne

So wird's gemacht:

1. Fülle eine Handvoll Grassamen in eine Nylonstrumpfhose oder eine Nylonsocke.
2. Danach gibst du die Sägespäne in den Strumpf und dehnst ihn, bis eine Kugel entsteht. Achte darauf, dass die Grassamen unten im Strumpf bleiben.
3. Verknote den Strumpf und schneide den Rest des Nylonstrumpfs ab. Dort, wo sich der Knoten befindet, ist der untere Teil des Kopfes. 
4. Forme in der Mitte aus dem Kopf heraus eine Nase und binde sie mit dem Band ab.
5. Anschließend nähst du zwei Knöpfe als Augen auf die Kugel.
6. Den Mund schneidest du aus Filz aus und klebst ihn auf.
7. Stelle den Kopf in eine Schale oder eine Untertasse und begieße ihn vorsichtig mit Wasser. Der Kopf sollte regelmäßig gewässert werden. Nach etwa einer Woche beginnt das Gras zu wachsen.

Der Frühling

BLUMENTOPF-WINDSPIEL BASTELN

Ein Windspiel ist eine schöne Garten- oder Balkondekoration. Der sanfte Klang entspannt und regt zum Träumen an.

Dazu benötigst du:
- 2 Blumentöpfe aus Ton (1 großen und 1 kleinen Topf)
- Acrylfarben
- Pinsel
- dickere Schnur oder Band, etwa 70 Zentimeter lang
- 1 Holzkugel mit einem Loch in der Mitte, etwa 5-7 Millimeter Bohrungsdurchmesser

So wird's gemacht:
1. Male als Erstes die beiden Blumentöpfe nach deinem Geschmack an und lass diese trocknen.
2. Ziehe die Schnur durch die Holzkugel und verknote sie mehrfach, sodass die Kugel nicht herausrutschen kann.
3. In die Schnur machst du nun etwa drei bis fünf Zentimeter oberhalb der Kugel einen weiteren Knoten und ziehst die Schnur von innen durch das Loch im kleinen Blumentopf. Der Tontopf ist dabei umgedreht und der Knoten sollte dicker sein als das Loch.
4. Nach etwa drei Zentimetern verknotest du die Schnur erneut und ziehst diese von innen durch den größeren Blumentopf bis zum Knoten.
5. Zum Schluss bildest du aus dem übrig gebliebenem Band eine Schlaufe und verknotest sie, sodass das Blumentopf-Windspiel draußen aufgehängt werden kann.

GRUSSKARTE ZUM MUTTER- ODER VATERTAG

Im Frühjahr stehen immer zwei besondere Tage an, an denen du mit Basteln deine Dankbarkeit zeigen kannst: der Muttertag und der Vatertag. Was kann die Herzen deiner Eltern mehr erfreuen, als eine liebevoll selbst gemachte Karte mit Naturmaterialien.

Dazu benötigst du:
- buntes Tonpapier in möglichst hellen Farben
- Schere
- Filzstifte
- Bastelkleber
- dünne Äste
- 1 kleinen Styroporball
- gepresste Blüten

So wird's gemacht:
1. Schneide aus dem Papier eine 18 Zentimeter mal 13 Zentimeter große Karte aus.
2. Male unten auf die Karte einen breiten grünen Streifen, eine Wiese. Du kannst dort auch einfach grünes Papier aufkleben.
3. Über die Wiese klebst du ein Männchen aus fünf dünnen Ästen: einen als Rumpf, von dem zwei Äste als Beine und zwei als Arme abgehen.
4. Als Kopf klebst du eine halbe Styroporkugel auf und malst darauf mit Filzstift ein Gesicht. Die Haare und Ohren malst du auf das Papier.
5. Neben das Männchen klebst du gepresste Blüten auf. Als Stängel dienen weitere Äste.
6. Auf die Rückseite der Karte kannst du einen persönlichen Gruß an deine Mutter oder deinen Vater schreiben.

Der Frühling

PFAHLMÄNNCHEN SCHNITZEN

Mit einem Pfahlmännchen kannst du dein Beet oder den Garten schön dekorieren.

Dazu benötigst du:
- 1 langen Ast (etwa 30–40 Zentimeter lang und 3 Zentimeter Durchmesser) aus Weide, Pappel oder Linde, am besten mit einer Gabelung
- kleine Holzsäge
- Schnitzmesser
- Schmirgelpapier
- Acryl- oder Wasserfarben
- Pinsel

So wird's gemacht:
1. Säge den Ast oberhalb der Gabelung ab. Lass dir dabei von einem Erwachsenen helfen. Aus der Verdickung der Astgabelung wird später der Kopf des Pfahlmännchens.
2. Mit dem Schnitzmesser oder dem Schmirgelpapier glättest du den Ast.
3. Das untere Ende des Astes spitzt du mit dem Schnitzmesser an, sodass man es einfach in die Erde stecken kann.
4. Etwa fünf Zentimeter unterhalb der Gabelung beginnst du damit, den Ast mit dem Schnitzmesser abzuschrägen, sodass er zur Spitze hin immer dünner wird.
5. Den Kopf des Männchens rundest du mit dem Schnitzmesser ab.
6. Zum Schluss malst du das Pfahlmännchen an.

Vorsicht!

Mit einem Schnitzmesser kannst du dich verletzen. Schnitze deshalb immer vom Körper weg und laufe nie mit offenem Messer herum.

Der Frühling

MOOSBÄRCHEN BASTELN

Gerade im Frühjahr wächst und gedeiht das Moos im Garten, vor allem im Rasen und überall, wo es schattig und feucht ist. Dem Gärtner ist das Moos oft eine Last, doch du kannst niedliche Bärchen daraus basteln.

Dazu benötigst du:
- Moos
- Basteldraht
- Zahnstocher aus Holz
- dünne Holzspieße
- braunen und schwarzen Filz
- Schere
- Alleskleber
- Schleife

So wird's gemacht:
1. Bevor du das Moos verarbeiten kannst, solltest du es ein paar Tage auf der Heizung oder in der Sonne trocknen lassen.
2. Aus dem Moos formst du die verschiedenen Körperteile des Bärchens: den Kopf, die Ohren, die Nase, den Rumpf, die Arme und die Beine. Die einzelnen Teile umwickelst du jeweils mit Basteldraht, damit sie in Form bleiben.
3. Mithilfe von Zahnstochern und den Holzspießen steckst du nun die einzelnen Teile so zusammen, dass ein Bärchen entsteht. Also die Arme und Beine an den Rumpf, obendrauf der Kopf mit Ohren und Nase.
4. Anschließend gibst du dem Bären ein Gesicht. Schneide aus Filz die Augen, die Nasenspitze und den Mund aus und klebe diese auf den Kopf.
5. Zum Schluss bindest du dem niedlichen Brummbären eine Schleife um den Hals.

Der Frühling

KRESSE-KARTOFFEL-KOPF

Es ist toll, wenn man einer Pflanze beim Wachsen zusehen kann. Kresse sprießt schon nach wenigen Tagen. Säst du sie in einer Kartoffel aus, macht das Beobachten noch mehr Spaß, weil ein lustiger Kopf entsteht.

Dazu benötigst du:
- 1 große Kartoffel
- Messer
- Teller
- Löffel
- Wattebällchen
- Gießkanne
- Kressesamen

So wird's gemacht:
1. Schneide unten an der Kartoffel ein kleines Stück ab, damit sie auf einem Teller stehen kann.
2. Schneide oben an der Kartoffel ebenfalls ein Stück ab. Mit einem Löffel höhlst du von oben etwa ein Viertel der Kartoffel aus.
3. Lege zwei Wattebällchen in die Kartoffel, wässere sie und bestreue sie mit Kressesamen. Halte die Watte in den nächsten Tagen feucht.
4. Schnitze ein lustiges Gesicht in die Vorderseite der Kartoffel und warte, bis auf dem Kopf Haare wachsen.

Eierkopf

Anstelle der Kartoffel kannst du auch eine Eierschale nehmen, die du in einen Eierbecher stellst und mit Watte füllst. Säe darin die Kresse aus und male mit Filzstift ein Gesicht auf die Schale.

Der Frühling

VOGELSCHEUCHE BAUEN

Sehr ärgerlich, wenn deine frisch ausgesäten Pflanzen oder die zu reifen beginnenden Früchte von Vögeln angeknabbert werden. Baue dir mit einem Erwachsenen eine Vogelscheuche, um die gefräßigen Federtiere zu vertreiben.

Dazu benötigst du:
- 2 Holzlatten (eine 2 Meter und eine 1 Meter lang)
- 2 Nägel
- Hammer
- Spaten oder Schaufel
- Kissenbezug oder Leinensack
- Stroh
- Band
- Filzstifte
- Hose
- Hosenträger
- Hemd
- Hut
- Sicherheitsnadeln

So wird's gemacht:
1. Nagel die beiden Holzlatten zu einem Kreuz zusammen. Die kürzere Querlatte bringst du etwa im oberen Drittel der Längslatte an.
2. Grabe ein 30 Zentimeter tiefes Loch in den Boden, stelle das Kreuz dort hinein und tritt die Erde wieder fest, damit die Vogelscheuche später stabil steht.
3. Fülle einen Kissenbezug oder Leinensack mit Stroh, stülpe ihn oben über die Längslatte und binde ihn unten mit dem Band zu. Auf den Sack malst du ein furchterregendes Gesicht.
4. Befestige Hosenträger an einer Hose und hänge die Träger jeweils über eine Seite der Querlatte. Die Hose befestigst du zusätzlich an der Längslatte mit einem Band am Bund.
5. Dann ziehst du dem Ungeheuer ein Hemd über die Querlatten. Zum Schluss befestigst du mit Sicherheitsnadeln einen Hut auf dem Kopf.

Der Frühling

Der Sommer

Hinaus in die Wärme

Keine andere Jahreszeit lädt uns so sehr ein, die meiste Zeit des Tages draußen zu verbringen, wie der Sommer. Wir haben unzählige Möglichkeiten, die wärmste und deshalb auch für viele die schönste Zeit des Jahres in der Natur zu genießen: auf der Wiese liegen und die Sonne auf der Haut spüren, barfuß über das kitzelnde Gras laufen, Fahrrad fahren, schwimmen gehen, Beeren pflücken oder das bunte Treiben der Vögel und der summenden Insekten beobachten. Der Sommer ist warm, hell und fröhlich – die besten Voraussetzungen, um in dieser Zeit besonders viel Spaß zu haben.

Schnee im Sommer?

Für die Wetterforscher beginnt der Sommer am 1. Juni und endet mit dem letzten Tag im August. Juni, Juli und August sind meteorologisch also die Sommermonate, obwohl es Anfang Juni noch einmal einen Kälteeinbruch geben kann, bei dem es in den Hochlagen sogar schneien kann. Das ist die sogenannte Schafskälte. Der Name dieser besonderen Wetterlage leitet sich von den Schafen ab, die früher bereits Anfang Juni geschoren wurden und ohne ihre dicke Wolle frieren mussten. Heutzutage werden die Lämmer in der Regel erst Mitte Juni geschoren. Achte einmal darauf, wenn du im Juni an einer Schafsweide vorbeikommst.

Der astronomische Sommer fängt am 21. Juni an. Das ist der Tag der Sommersonnenwende. An diesem Tag erreicht die Sonne ihren höchsten Stand und steht auf unserer Halbkugel senkrecht zum Wendekreis. Mit 16 Sonnenstunden ist dieser Tag der längste des Jahres. Das bedeutet auch, dass die Tage nun langsam etwas kürzer werden. Doch für einen lauschigen Sommerabend im Garten reicht das Sonnenlicht im Juli und August allemal. Offiziell ist der kalendarische Sommer am 22. oder 23. September beendet, dem Tag der Tagundnachtgleiche.

Tage, an denen es nicht dunkel wird

Zu Ehren der Sommersonnenwende entzünden die Menschen in einigen Gegenden Deutschlands ein großes Feuer in der Gemeinschaft. Vor allem in Skandinavien wird um diesen Zeitraum herum ein großes Fest gefeiert, das Mittsommerfest. In den nördlichen Teilen dieser Länder wird es Ende Juni nicht richtig dunkel in der Nacht.

Ein gewaltiges Spektakel am Himmel

Im Sommer sollte auf jeden Fall das Wetter mitspielen, da wir möglichst pausenlos draußen sein möchten und auch schöne Ausflüge planen. Im Zeitraum vom 23. Juli bis zum 24. August haben wir üblicherweise gute Chancen auf warme, sonnige Tage. Denn das sind die sogenannten Hundstage, in denen gewöhnlich ein Hochdruckgebiet über Mitteleuropa liegt, das für schönes Wetter sorgt. Doch auch ein Sommergewitter kann seinen Reiz haben, wenn du von einem sicheren Platz aus Blitz und Donner beobachtest. Ebenso kann ein Regenschauer Spaß machen: Zieh dir einmal bei einem warmen Sommerregen die Schuhe und Strümpfe aus und laufe durch die Pfützen.

Ganz schön heiß

Ein lauer Sommerregenguss kann nicht nur für dich eine Wohltat sein, auch die Pflanzen freuen sich nach einer längeren Trockenperiode darüber. Natürlich brauchen vor allem Gemüse- und Obstpflanzen nun viel Sonnenlicht und Wärme, damit ihre Früchte reifen können. Doch bei zu langer Trockenheit und Hitze geht es den Pflanzen wie den Menschen. Sie müssen trinken, damit sie die Köpfe nicht hängen lassen. Du solltest bei Hitze selbstverständlich jeden Tag ausreichend trinken und auf jeden Fall Sonnencreme benutzen.

Die süßesten Früchte

Ein Höhepunkt im Sommer ist zweifelsohne die Beerenzeit. Ob im eigenen Garten, am Wegesrand oder auf der Beerenplantage, selbst pflücken macht am meisten Spaß. Erdbeeren, Himbeeren, Blaubeeren oder Johannisbeeren leuchten uns mit ihren saftigen Farben an – ein wahrer Genuss, sie gleich zu naschen. Auch der Wald, der nun in voller Pracht steht, ist im Sommer ein besonderes Erlebnis. Er spendet dir Abkühlung von der Hitze und gibt Schatten.

Zweimal Junge

Auch für die Tierwelt ist der Sommer eine herausragende Zeit. Überall wimmelt es vor Krabbeltieren und Vögeln, die Schmetterlinge tanzen im Sommerwind, die Grillen zirpen und der Duft der Wiesenblumen lockt hungrige Insekten an. Die Vogeljungen sind nun flügge und suchen selbst ihr Futter. Einige Vögel nutzen den Sommer, um ein zweites Mal zu brüten, wie beispielsweise die Kohlmeise.

HIMMEL UND HÖLLE

Dies ist ein sehr beliebtes Hüpfspiel, das auch unter Namen wie Hinkelstein oder Hinkefuß bekannt ist.

Dazu benötigst du:
- 2-6 Spieler
- Kreide
- Skizze des Spielfeldes
- Stein

So wird's gemacht:

1. Male das Spielfeld nach der Vorlage auf.

2. Das Los entscheidet, wer beginnt. Du stellst dich auf das Feld Erde und wirfst den Stein auf das erste Kästchen mit der eins. Triffst du, hüpfst du auf einem Bein los. Das Feld, auf dem der Stein liegt, wird immer übersprungen. Da die Felder vier und fünf sowie sieben und acht nebeneinanderliegen, landest du dort mit beiden Beinen: linker Fuß im linken Feld, rechter Fuß im rechten. Das Feld Hölle lässt du aus und landest nach dem neunten Feld direkt im Kasten Himmel, auch auf beiden Beinen. Bei diesem Sprung musst du eine Halbdrehung machen, sodass du das Spielfeld wieder vor dir hast.

3. Nach den gleichen Regeln wird zurückgehüpft. Vor dem Feld mit dem Stein bleibst du stehen und hebst ihn auf. Du hüpfst drauf und zurück zur Erde.

4. Hast du nicht gepatzt, wirfst du in der zweiten Runde den Stein auf den Kasten mit der zwei. So geht es Runde um Runde weiter.

5. Verfehlst du mit dem Stein einen Kasten oder verhüpfst dich, zum Beispiel über die Markierung hinaus, ist der Nächste an der Reihe. Merke dir, wo du gepatzt hast, damit du dort später wieder ansetzen kannst.

6. Gewonnen hat derjenige, der den Stein als Erstes vom Feld Himmel aufhebt.

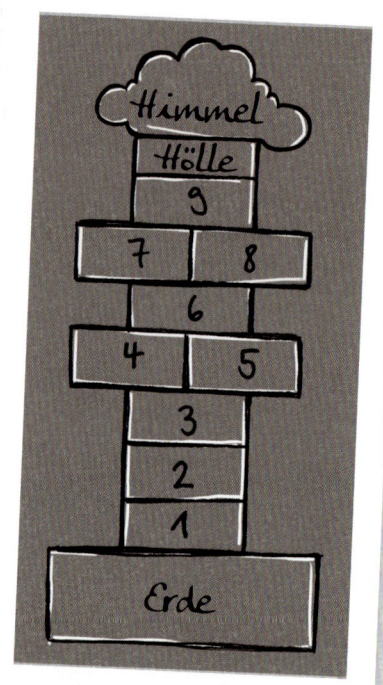

AUF EINEM GRASHALM PFEIFEN

Eine Wiese mit hohem Gras ist ein Traum im Sommer. Dort kannst du nicht nur herumtollen, sondern auch mit den Grashalmen Musik machen.

Dazu benötigst du:
- 1 Grashalm

So wird's gemacht:
1. Klemm einen harten und breiten Grashalm längs zwischen deine beiden Daumen und den Daumenballen, sodass der Halm gespannt ist. 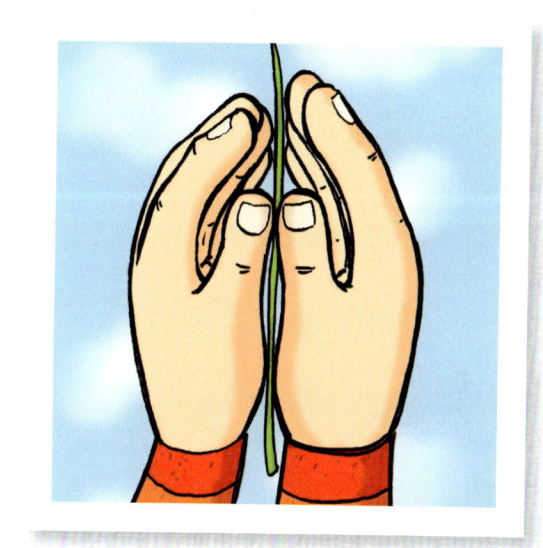 
2. Achte darauf, dass in der Mitte, also zwischen den Daumen, ein Spalt entsteht. Darauf bläst du nun, wodurch der Grashalm vibriert und ein Pfeifen erzeugt. Probiere es immer wieder, es braucht ein wenig Übung.

Grashalmpflückspiel

Seid ihr an einem warmen Sommertag in der Gruppe auf einer Wiese, zieht eure Schuhe und Strümpfe aus und spielt Grashalme pflücken. Dazu setzt ihr euch alle in einen Kreis. Auf Kommando pflückt jeder einen langen Grashalm mit den Zehen. Wer es als Erstes schafft, den Halm vom Fuß in die Hand zu bekommen, hat gewonnen. Ihr könnt auch einen bestimmten Zeitrahmen abstecken, beispielsweise drei Minuten, und so viele Halme wie möglich mit den Zehen pflücken. Wer die meisten ergattert, ist der Sieger.

SANDBURGEN BAUEN

Nicht nur für Kinder ist es ein Riesenspaß, Sandburgen zu bauen. Auch Erwachsene können sich dafür begeistern. Sogar so sehr, dass im Sommer manche Strandorte Sandburgen-Wettbewerbe ausrichten.

Dazu benötigst du:
- Sand
- Sprühflasche
- Schaufel
- Eimer
- leere Joghurtbecher
- Muscheln, Stöcke, Steine, Federn, Seetang
- Kamm

So wird's gemacht:
1. Befeuchte den Sand mit Wasser, das du aus der Flasche sprühst. Das ist die Voraussetzung für eine gelungene Sandburg. Denn die kleinen Körnchen haften nur zusammen, wenn sie feucht sind.
2. Beginne mit einem Fundament, auf dem du die Burg baust. Du befeuchtest den Boden und stampfst mit den Füßen darauf, damit er fest wird.
3. Baue zuerst große Türme: Fülle einen Eimer mit feuchtem Sand, klopfe diesen fest und stülpe den Eimer mit einem Ruck um. Danach ziehst du ihn vorsichtig nach oben.
4. Kleine Türme baust du nach dem gleichen Prinzip mit leeren Joghurtbechern.
5. Mauern bildest du mit den Händen und begradigst sie mit der Schaufel. Die Mauern können die Türme verbinden oder die Sandburg umschließen.
6. Zum Schluss verzierst du die Burg mit Muscheln, Stöcken, Steinen, Federn oder Seetang. Mit einem Kamm kannst du auch schöne Muster in den feuchten Sand ritzen.

SONNENUHR BASTELN

Schon die alten Ägypter benutzten die Sonne, um die Zeit zu messen. Baue dir eine Sonnenuhr und versuche, ob auch du mithilfe der Sonne die Zeit herausfinden kannst.

Dazu benötigst du:
- 1 Blatt festes Papier oder Pappe
- Zirkel
- Schere
- Geodreieck
- Stift
- dünnen Stock oder Schaschlikspieß
- Blumentopf oder Eimer
- Erde
- Kompass

So wird's gemacht:

1. Zeichne mit dem Zirkel einen möglichst großen Kreis auf das Papier oder die Pappe und schneide ihn aus.

2. Teile den Kreis mit dem Geodreieck in vier gleich große Stücke ein. Zeichne immer durch den Mittelpunkt und schreibe an die Endpunkte der Viertel im Uhrzeigersinn die Zahlen 0, 6, 12 und 18.

3. Teile die untere Hälfte zwischen sechs und 18 in zwölf gleich große Teile ein (also haben alle Teile einen Winkel von 15 Grad), markiere diese mit Strichen und beschrifte sie von 7 bis 17.

4. Stecke einen Stock oder Spieß in die Mitte des Kreises.

5. Fülle einen Blumentopf oder Eimer fast randvoll mit Erde und stelle die Sonnenuhr mit dem Stock dort hinein.

6. Stelle die Uhr in die Sonne. Ermittle mithilfe eines Kompasses Norden und drehe die Uhr so, dass die Zwölf genau dorthin zeigt. Der Schatten des Stocks ist nun der Uhrzeiger.

Der Sommer

STEINHAUFEN FÜR REPTILIEN UND CO. ANLEGEN

Mit einfachen Steinen kannst du einen Haufen anlegen, der Eidechsen und Kröten Schutz bietet. Doch auch Schmetterlinge kannst du damit in deinen Garten locken und beobachten, wie sie auf den warmen Kieseln pausieren.

Dazu benötigst du:
- Spaten
- Arbeitshandschuhe
- Steine unterschiedlicher Größe

So wird's gemacht:

1. Wähle ein geeignetes Plätzchen aus: Es sollte an einer sonnigen, windgeschützten und ungestörten Stelle liegen. Besonders günstig ist es, wenn der Boden aus lockerer Erde besteht.

2. Grabe zunächst eine etwa ein Meter mal ein Meter große Mulde, die eine Tiefe von 30 Zentimetern misst.

3. Häufe die Steine darin auf. Verschiedene große, kleine, runde oder eckige Steine werden im Wechsel angeordnet. Zwischen den Steinen sollten Zwischenräume entstehen, in die sich die Tiere zurückziehen können. Schichte die Steine auf, bis der Haufen einen bis anderthalb Meter hoch ist.

Warum mögen Eidechsen den Steinhaufen?

Eidechsen sind wechselwarme Tiere, die Wärme brauchen, um auf Touren zu kommen. Von der Sonne bestrahlte Steine sind da besonders wohlig. Wenn Gefahr droht, kann sich die Echse schnell zwischen den Steinen verstecken.

LAVENDELSÄCKCHEN SELBST MACHEN

Liebst du auch den Duft von Lavendel im Sommer? Dann versuche den Geruch zu erhalten und nähe ein Lavendelsäckchen, das du in deinen Schrank legen kannst.

Dazu benötigst du:
- getrocknete Lavendelblüten
- Schere
- Baumwoll- oder Leinenstoff
- Nähnadel
- Garn
- Kordel oder Geschenkband

So wird's gemacht:

1. Trockne die Lavendelblüten aus dem Garten oder kaufe bereits getrockneten Lavendel, beispielsweise in der Apotheke, im Drogeriemarkt oder bei einem Kräuter- oder Gewürzhändler.
2. Schneide zwei gleich große Stoffstücke aus und lege sie so aufeinander, dass die linke Seite nach innen zeigt. Die Größe kannst du selbst bestimmen, zum Beispiel acht Zentimeter mal zwölf Zentimeter.
3. Nähe die beiden Stoffstücke an drei Seiten zusammen, etwa einen halben bis einen Zentimeter vom Rand entfernt. Achte darauf, dass die Stiche nicht zu groß sind.
4. Ziehe das Säckchen auf rechts und fülle es mit den Lavendelblüten, die du vorher klein geschnitten hast.
5. Die Öffnung verschnürst du mit einer Kordel oder einem hübschen Geschenkband.

Lavendel trocknen

Wenn der Lavendel blüht, schneidest du ihn mit Stängel ab. Die Stiele bindest du wie einen Blumenstrauß zusammen und hängst diesen kopfüber an einem trockenen, dunklen Ort auf.

Der Sommer

UNTERWASSERLUPE BASTELN

Im Wasser kannst du viele Tiere und Pflanzen beobachten – egal, ob du am Meer, See, Teich oder Bach bist. Bastle dir eine Unterwasserlupe und erforsche das Leben unter der Wasseroberfläche.

Dazu benötigst du:
- 1 leere und gereinigte Blechdose
- Dosenöffner
- durchsichtige Plastikfolie
- Gummiring
- Klebeband

So wird's gemacht:

1. Entferne mit dem Dosenöffner den Deckel und den Boden der Blechdose.
2. Lege ein Stück Plastikfolie über die obere Öffnung der Dose. Die Folie sollte an allen Seiten etwa fünf Zentimeter überstehen. Spanne die Folie sehr straff über die Öffnung.
3. Mit einem starken Gummiring befestigst du nun die Folie an der Dose. 
4. Um die Unterwasserlupe ganz wasserdicht zu machen, umwickelst du den Übergang von der Folie zur Büchse mit Klebeband.
5. Halte die Dose mit der Folie nach unten ins Wasser. Nun kannst du dort das Treiben beobachten, die Plastikfolie wirkt wie ein Vergrößerungsglas.

Warum funktioniert die Lupe nur unter Wasser?

Das Wasser drückt die Folie ein wenig nach innen, sodass du alles größer siehst. An Land bleibt die Folie gerade und alles erscheint in Normalgröße.

ERDBEERMARMELADE

Sommerzeit ist Erdbeerzeit! Nichts geht über eine Scheibe Brot oder ein Brötchen mit selbst gemachter Erdbeermarmelade zum Frühstück.

Dazu benötigst du:
- 1 Kilogramm Erdbeeren
- Küchenmesser, Holzbrett
- 1 Kilogramm Gelierzucker (1:1) oder 500 Gramm Gelierzucker (2:1)
- Topf, Kochlöffel, Schaumkelle
- 6 Gläser mit Schraubverschluss
- Spülmittel
- 6 selbstklebende Etiketten
- Stift

So wird's gemacht:
1. Wasche die Erdbeeren unter fließendem Wasser. Mit einem Küchenmesser entfernst du den Stielansatz und schneidest die Erdbeeren in kleine Stücke.
2. Fülle die Erdbeeren zusammen mit dem Gelierzucker in den Topf. Es gibt verschiedene Sorten Gelierzucker: 1:1 bedeutet, dass auf ein Kilogramm Erdbeeren ein Kilogramm Gelierzucker kommt und bei 2:1 sind es 500 Gramm Gelierzucker auf ein Kilogramm Erdbeeren. Je weniger Zucker du verwendest, umso fruchtiger wird die Marmelade.
3. Bringe das Ganze unter Rühren zum Kochen und lass die Masse vier Minuten köcheln.
4. Schöpfe den entstandenen Schaum mit einer Kelle ab.
5. Fülle die Marmelade in die Gläser, die du vorher mit heißem Wasser und Spülmittel ausgewaschen hast. Verschließe die Gläser und stelle sie für etwa zehn Minuten auf den Kopf. Dann beschriftest du die Etiketten mit Datum und „Erdbeermarmelade" und klebst sie auf die Gläser. Diese bewahrst du am besten dunkel und trocken im Keller auf.

Der Sommer

PFEIL UND BOGEN BAUEN

Indianer zu spielen, hat immer etwas Reizvolles. Die Ureinwohner Nordamerikas sind mit Pfeil und Bogen auf die Jagd gegangen. Das kannst du nachmachen, aber lass dir beim Bauen von einem Erwachsenen helfen.

Dazu benötigst du:
- Äste (1 dickeren und einige dünne gerade)
- Schnitzmesser
- Schnur
- Wattebäusche
- Stoffreste
- Gummibänder
- Filzstifte
- Federn
- Schnur

So wird's gemacht:
1. Für den Bogen wählst du einen kräftigen Ast aus, der sich trotzdem biegen lässt, zum Beispiel von einem Haselnussbaum oder von einer Weide. Du kerbst den Ast etwa einen Fingerbreit von beiden Enden entfernt rundherum mit dem Messer ein.
2. Binde eine Schnur in der oberen Einkerbung fest.
3. Ziehe die Schnur nun stramm, sodass sich der Ast biegt. Unter Spannung befestigst du sie in der Einkerbung am unteren Ende des Bogens.
4. Für die Pfeile nimmst du dünnere, gerade Äste. Schabe als Erstes ihre Rinde mit dem Messer ab. Dann kerbst du die Enden der Pfeile ein, damit diese besseren Halt auf der Schnur des Bogens haben.
5. Jetzt geht es an die Spitzen der Zweige: Stecke Wattebäusche darauf, über die du ein Stück Stoff legst. Mit einem Gummiband befestigst du dann den Stoff an den Pfeilen.
6. Zum Schluss bemalst du die Pfeile oder dekorierst sie mit Federn, die du mit einem Gummiband befestigst.

WASSERBOMBE BASTELN

An einem heißen Sommertag ist eine erfrischende Abkühlung eine wahre Wohltat. Wasserbomben können da weiterhelfen! Am besten bastelst du sie mit Freunden und ihr probiert sie sofort aus.

Dazu benötigst du:
- kleine Luftballons oder kleine, feste Plastiktüten

So wird's gemacht:
1. Eine Wasserbombe ist einfach eine mit Wasser gefüllte Tüte. Du kannst dafür einen kleinen Luftballon oder eine kleine, aber feste Plastiktüte nehmen.
2. Klemme die Öffnung des Ballons an den Wasserhahn oder halte die Öffnung des Beutels direkt unter den Hahn. Fülle den Ballon oder die Tüte, bis sie fast voll ist.
3. Ziehe den gefüllten Ballon oder Beutel ab und verknote die Öffnung, sodass kein Wasser herausfließen kann.
4. Mit Schwung schmeißt du die Wasserbombe auf einen möglichst harten Boden. Achte darauf, dass du nicht direkt auf Menschen, Fensterscheiben oder Autos zielst.

Spiele mit Wasserbomben

Der Wasserbombenlauf funktioniert wie Eierlaufen: Zwei Spieler laufen jeweils einen Hindernisparcours mit einer Wasserbombe auf einem Esslöffel. Wem die Wasserbombe vom Löffel fällt und zerplatzt, der scheidet aus.
Beim Zielwerfen müsst ihr aus einer bestimmten Entfernung in eine Regentonne treffen. Oder ihr versucht in einer bestimmten Zeit, so viele Wasserbomben wie möglich zu zerschlagen.

ZWILLE BAUEN

Ein beliebtes Spielzeug, um Dosen oder Toilettenpapierrollen aus der Ferne umzuwerfen, ist eine Zwille. Mit wenig Aufwand kannst du dir eine praktische Handschleuder basteln.

Dazu benötigst du:
- 1 Y-förmige Astgabel
- 1 Stück Leder (2 Zentimeter mal 4 Zentimeter groß)
- Handbohrer oder Schere
- Einmachgummi
- Papier

Gefährlich
Ziele mit der Zwille niemals auf Menschen oder Tiere. Ebenfalls darfst du keine spitzen Gegenstände oder Steine zum Schießen benutzen. Du kannst andere damit verletzen.

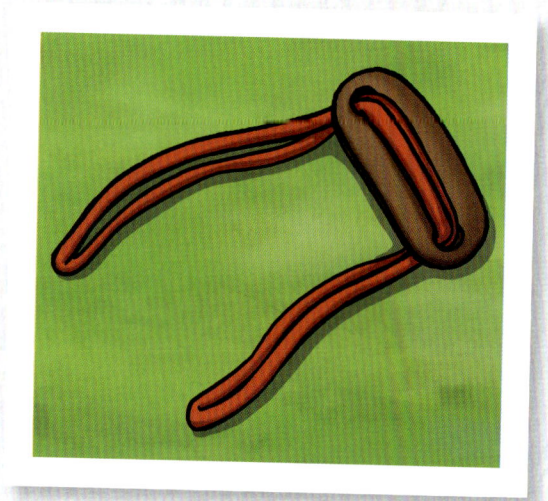

So wird's gemacht:

1. Suche dir eine gleichmäßige Astgabel, möglichst aus Haselnuss-, Buchen- oder Eichenholz. Diese Hölzer sind fest und brechen nicht.

2. Bohre mit dem Handbohrer oder der Scherenspitze zwei kleine Löcher in das Lederstück. Die Löcher setzt du mittig an die kürzeren Seiten, etwa einen halben Zentimeter vom Rand entfernt.

3. Durch die beiden Löcher fädelst du das feste Einmachgummi und schiebst das Lederstück genau in die Mitte.

4. Das Einmachgummi befestigst du jeweils an einer Seite der Astgabel. Ziehe die schlaufenartigen Enden des Gummis mehrfach um den jeweiligen Astarm.

5. Als Munition dienen dir dann kleine Kugeln aus geknülltem Papier.

GUMMITWIST

Dieses beliebte Hüpfspiel kannst du mit Freunden oder auch allein spielen. Wenn du allein spielst, benötigst du zwei Stühle, um die du das Gummiband spannst.

Dazu benötigst du:
- mindestens 3 Spieler
- Gummiband, mindestens 4 Meter lang

So wird's gemacht:
1. Verknotet das Gummiband an den Enden. Zwei Spieler stellen sich gegenüber, die Gesichter einander zugewandt. Das Gummiband wird um die Fußgelenke gespannt, sodass ein Rechteck entsteht.
2. Jetzt geht's ans Hüpfen: Lost aus, wer beginnen darf. Entscheidet euch für eine Abfolge von Hüpfern. Ihr könnt auf verschiedene Weise springen: mit beiden Füßen zwischen den Gummibändern (also in der Mitte), mit einem Fuß in der Mitte, während sich der andere Fuß außerhalb des Bandes befindet, mit beiden Beinen außerhalb des Bandes oder mit beiden Füßen auf den Bändern.
3. Patzt ein Spieler, weil er einen falschen Sprung macht, versehentlich das Gummiband berührt oder darauf tritt, ist der Nächste an der Reihe.
4. Erschweren könnt ihr das Spiel, indem ihr das Gummiband um die Knie, Oberschenkel oder auch Hüften spannt.

Der Sommer

INSEKTEN UND ANDERE TIERE BEOBACHTEN

Im Sommer wimmelt es draußen von Insekten und anderen kleinen Tieren. Auf Wiesen und in Wäldern kannst du sie ganz schnell erspähen. Um sie genau zu beobachten, musst du manchmal ein paar Tricks anwenden.

Dazu benötigst du:
- Schaufel
- Dose ohne scharfe Kanten
- Obststück
- Brettchen
- Becherlupe
- weißes Tuch
- Zuckerwasser (Zucker in Wasser aufgelöst)
- Blatt Papier
- Pinsel
- großes Einmachglas mit Deckel, Handbohrer

So wird's gemacht:

1. Nicht immer lassen sich Insekten direkt von einer Pflanze in eine Becherlupe manövrieren. Um Insekten zu fangen, gräbst du ein Loch in die Erde und stellst eine Dose ohne scharfe Kanten hinein. Als Köder legst du ein Stück Obst in die Dose, die danach mit einem Brettchen abgedeckt wird. Einen Spalt lässt du offen. Warte ab, was sich nach ein paar Stunden darin tummelt.

2. Du kannst auch ein großes, weißes Tuch auf eine Wiese legen und warten, welche Tiere nach einer Weile auf dem Tuch herumkrabbeln. Hast du ein Tier gefangen, setzt du es in eine Becherlupe und kannst es dann beobachten.

3. Findest du Ameisen auf dem Boden, lege ein Blatt weißes Papier daneben. Streiche mit einem Pinsel eine Spur Zuckerwasser auf das Blatt. Beobachte, was passieren wird.

4. Suche nach einem Regenguss draußen Nacktschnecken. Setze sie in ein großes Einmachglas, verschließe den Deckel und bohre kleine Löcher in den Deckel. Beobachte von unten, wie sie eine Schleimspur hinterlassen.

5. Lass die Tiere danach wieder frei.

OBSTSALAT IN MELONENHÄLFTE

Eine leckere und gesunde Erfrischung an einem warmen Sommertag ist ein Obstsalat. Wenn du diesen in einer ausgehöhlten Melonenhälfte servierst, sieht er besonders appetitlich aus.

Dazu benötigst du:
- 1 Wassermelone
- Küchenmesser, Schneidebrett
- Esslöffel
- Äpfel
- Bananen
- kernlose Weintrauben
- Mango
- Ananas
- Saisonobst (zum Beispiel Erdbeeren, Brombeeren, Blaubeeren)
- Saft von 1 Zitrone (frisch gepresst)

So wird's gemacht:
1. Als Erstes bereitest du die „Schale" für den Obstsalat vor. Schneide mit einem Küchenmesser eine Wassermelone in der Mitte durch. Lass dir dabei von einem Erwachsenen helfen.
2. Eine Melonenhälfte kannst du in den Kühlschrank legen. Mit einem Messer schneidest du am inneren Rand der anderen Melonenhälfte entlang, damit sich das Melonenfleisch löst. Am besten nimmst du das Fruchtfleisch mit einem Esslöffel heraus. Falls die Melonenhälfte nicht gut stehen sollte, schneidest du unten eine dünne Scheibe von der Schale ab.
3. Vom entfernten Melonenfleisch schneidest du etwa ein Viertel in kleine Stücke und entkernst diese. Den Rest kannst du im Kühlschrank ein paar Tage aufbewahren und später essen.
4. Die anderen Obstsorten wäschst du nach Bedarf ab, schälst sie und, wenn nötig, entfernst du die Kerne. Dann schneidest du das Obst in mundgerechte Stücke und füllst alles in die ausgehöhlte Melonenhälfte.
5. Zum Schluss beträufelst du den Obstsalat mit Zitronensaft und rührst ihn um. Den Melonenrand kannst du noch mit einem Zickzackmuster verschönern.

COLLAGE AUS STRANDGUT

Eine schöne Erinnerung an den letzten Ausflug oder Urlaub am Meer ist eine Collage mit selbst gesammelten Fundstücken.

Dazu benötigst du:
- natürliches Strandgut wie Muscheln, Federn, Schneckenhäuser, Seesterne, Krebshüllen, Steine, Treibholzstückchen, Algen
- Sand
- Tapetenkleister
- Esslöffel
- Sperrholzbrett oder dickere Pappe (etwa 20 Zentimeter mal 30 Zentimeter groß)
- Acryl- oder Wasserfarben
- Pinsel

So wird's gemacht:

1. Bei einem Ausflug ans Meer sammelst du am Strand Muscheln, Steine, Krebshüllen und andere Fundstücke sowie etwas Sand. Säubere das Strandgut gründlich unter fließendem Wasser und lass es trocknen.

2. Rühre den Tapetenkleister nach Anleitung an. Nach etwa 20 Minuten schüttest du etwas Sand in den Kleister, bis eine breiige Masse entsteht.

3. In der Zwischenzeit malst du einen drei Zentimeter breiten Rand auf das Sperrholzbrett oder die Pappe.

4. Verteile den Sandkleister mit einem Löffel auf dem Sperrholz oder der Pappe. Spare dabei den gemalten Rand aus.

5. Belege die Sandmasse mit den gesammelten Fundstücken und drücke sie fest.

6. Ist das Strandbild getrocknet, kannst du es aufstellen oder an die Wand hängen.

Der Sommer

KIRSCHKERN-WEITSPUCKEN

Dieser lustige Zeitvertreib wird von einigen Menschen sehr ernsthaft betrieben. Es gibt sogar eine Weltmeisterschaft im Kirschkern-Weitspucken. Versucht doch, euren persönlichen Rekord zu verbessern!

Dazu benötigst du:
- mindestens 2 Spieler
- Kreide
- Kirschen
- Maßband

So wird's gemacht:
1. Als Erstes markiert ihr mit Kreide die Startlinie auf einem glatten Boden, zum Beispiel Asphalt.
2. Dann müsst ihr alle eine Kirsche essen und den nackten Kern im Mund behalten.
3. Stellt euch an der Startlinie auf und jeder spuckt seinen Stein so weit wie möglich aus. Entscheidend ist, wo der Kirschkern letztendlich liegen bleibt.
4. Nachdem alle an der Reihe waren, wird mit dem Maßband ermittelt, wessen Stein am weitesten von der Startlinie entfernt liegt.

Spuck-Varianten

Anstelle eines Versuchs hat jeder Spieler dreimal die Möglichkeit, seinen persönlichen Rekord aufzustellen. Wer es insgesamt am weitesten schafft, hat gewonnen.
Seid ihr in einer großen Gruppe, teilt euch in Teams auf. Die Spucklänge der einzelnen Teamspieler wird gemessen und addiert. Gewonnen hat das Team mit der höchsten „Gesamtspucklänge".

Der Sommer

SMOOTHIE-REZEPT

Ein Smoothie ist ein Mixgetränk, das hauptsächlich aus pürierten Früchten und Milchprodukten besteht. Das Wort Smoothie kommt aus dem Englischen von „smooth", das „fein", „sanft" und „geschmeidig" bedeutet. Genauso sollte sich das Getränk anfühlen, wenn du es dir auf der Zunge zergehen lässt.

Dazu benötigst du für zwei Personen:
- 200 Gramm Erdbeeren, gefroren oder frisch
- Küchenmesser, Holzbrett
- 150 Gramm Ananas
- 1 Banane
- Pürierstab oder Standmixer
- 200 Milliliter Orangensaft
- 200 Gramm Joghurt
- eventuell Eiswürfel

So wird's gemacht:

1. Wasche und putze die Erdbeeren. Dann schneidest du diese in Stücke.
2. Die Ananas sowie die Banane schälst du und schneidest auch diese in Stücke.
3. Püriere mit einem Pürierstab oder einem elektrischen Standmixer das ganze Obst, bis es breiig ist.
4. Füge nun den Orangensaft und den Joghurt hinzu. Wenn dein Smoothie erfrischend kalt sein soll, nimm zusätzlich ein paar Eiswürfel.
5. Mixe das Ganze noch einmal auf der höchsten Stufe durch.

> **Erlaubt ist, was schmeckt**
>
> Bei der Herstellung eines Smoothies sind deiner Fantasie keine Grenzen gesetzt. Du kannst aus sämtlichen Früchten und Gemüsesorten wie grünes Blattgemüse (Blattsalat, Petersilie, Kohl) ein leckeres Getränk mixen. Ebenfalls kannst du Milch, Speiseeis, Buttermilch oder Sojamilch hinzufügen.

SCHNITZELJAGD

Eine Schnitzeljagd ist ein abenteuerlicher Zeitvertreib, wenn ihr zu mehreren seid. Die Jagd führt euch durch Wälder, Wiesen oder auch abwechslungsreiche Parkanlagen.

Dazu benötigst du:
- 4–20 Spieler
- Schnitzelmaterial wie Konfetti, Sägespäne, Mehl, Krepppapier, Kreide
- Uhr

So wird's gemacht:

1. Besprecht als Erstes das Gebiet, in dem eure Schnitzeljagd stattfinden soll. Wie weit werdet ihr laufen?

2. Das Los entscheidet, welche Spieler die Fährte auslegen und wer zu den Jägern gehört. Die Jäger-Gruppe sollte eine höhere Anzahl an Spielern besitzen. Auch eine Uhr sollte in der Jäger-Gruppe vorhanden sein.

3. Die Gruppe der Fährtenleger beginnt, während sich die Jäger die Augen zuhalten, damit sie nicht sehen, in welche Richtung die Fährtenleger verschwinden. Ihre Aufgabe ist es, möglichst schnell den Verfolgern zu entkommen. Allerdings müssen sie eine Fährte legen. In einem bestimmten Abstand, zum Beispiel alle zehn oder 20 Meter hinterlassen sie eine Spur aus Konfetti, Sägespänen, Mehl, Krepppapier oder einem aufgemalten Pfeil aus Kreide. Es dürfen auch falsche Fährten gelegt werden, die nach ein paar Metern im Nichts enden.

4. Nach zehn Minuten Warten nehmen die Jäger die Verfolgung anhand der Spuren auf.

5. Ist das Fährtenmaterial aufgebraucht, verstecken sich die flüchtigen Spieler in der Nähe. Das Spiel ist zu Ende, wenn die Jäger ihre Mitspieler gefunden haben.

Der Sommer

SURVIVAL-TIPPS

Ein echter Abenteurer muss sich natürlich in der freien Natur zu helfen wissen. Damit du dich nicht verloren fühlst, findest du hier viele Tipps, wie du ohne Probleme überleben kannst.

WILDE BEEREN SAMMELN

Sommerzeit ist Beerenzeit. Hast du keine eigenen im Garten oder willst du einen Streifzug durch die Natur unternehmen, sammel selbst welche an Wegesrändern. Wilde Beeren sind nämlich besonders aromatisch und süß. Falls der Fuchsbandwurm in deiner Gegend verbreitet ist, solltest du keine bodennahen Früchte pflücken.

Dazu benötigst du:
- feste Schuhe
- lange Hosen
- eventuell Haushaltshandschuhe
- Korb

So wird's gemacht:

1. Zieh dir festes Schuhwerk und lange Hosen an, denn häufig musst du durch Büsche gehen, um an die Früchte zu gelangen. Brom- und Himbeersträucher besitzen feine Dornen. Benutze im Zweifelsfall Plastikhandschuhe zum Sammeln.

2. Wilde Him- oder Brombeeren findest du häufig an Wegesrändern. Im Wald wirst du mit wilden Erd- oder Blaubeeren fündig. Pflücke die Früchte ab und bewahre sie in einem Korb auf, damit sie Luft bekommen und nicht zerquetscht werden.

3. Pflücke nur die Beeren, die du auch wirklich kennst. Blaubeeren kann man leicht mit der giftigen Einbeere verwechseln. Tollkirschen wachsen ebenfalls an größeren Sträuchern und sind sehr giftig.

4. Wasche die Beeren gründlich ab, bevor du sie isst.

KOMPASS BASTELN

Damit du in der Wildnis nicht die Orientierung verlierst, bastle dir einen Kompass.

Dazu benötigst du:
- 1 Blatt Papier
- Schere
- 1 leere Streichholzschachtel
- Zirkel
- Stift
- spitze Reißzwecke
- Klebstoff
- Kompassnadel (aus dem Bastelladen)

So wird's gemacht:
1. Schneide ein rechteckiges Stück Papier aus, das etwas kleiner als die Streichholzschachtel ist.
2. Zeichne mit dem Zirkel mittig einen kleinen Kreis auf das Papier.
3. Nun erstellst du die Kompassrose: Trage am Rand des Kreises die vier Himmelsrichtungen ein. Oben ein N für Norden, rechts ein O für Osten, unten ein S für Süden und links ein W für Westen. Unterteile den Kreis weiter in Nordosten (NO), Südosten (SO), Südwesten (SW) und Nordwesten (NW).
4. Stich die Reißzwecke von unten genau in die Mitte der Kompassrose hinein und klebe diese in die Streichholzschachtel.
5. Zum Schluss setzt du die Kompassnadel vorsichtig auf die Spitze der Reißzwecke. Die Spitze der Nadel richtet sich nach Norden aus. Drehe sie so, dass die Spitze Richtung Norden zeigt.

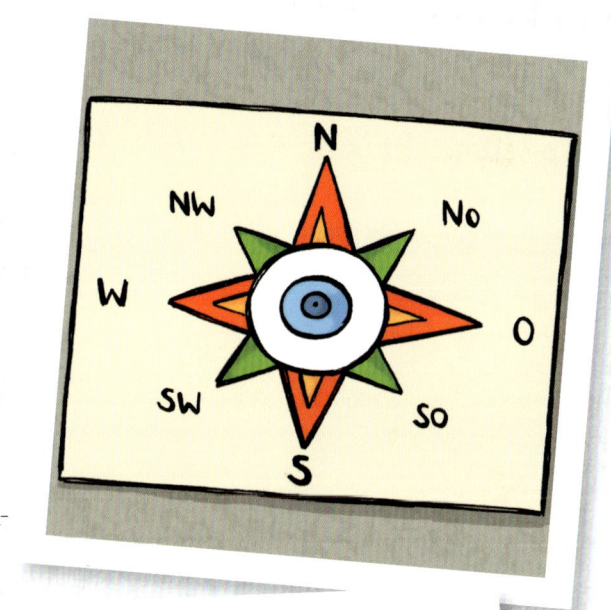

Der Sommer – Spezial

KNOTEN BINDEN

Jeder Abenteurer sollte ein paar Knoten beherrschen. In der Natur musst du oft etwas richtig festbinden. Da ist es wichtig, dass der richtige Knoten gut hält und sich leicht wieder öffnen lässt. Mit einem Achterknoten kannst du eine feste Schlaufe machen. Mit dem Lassoknoten fangen Cowboys wilde Pferde ein. Der Kreuzknoten dient dazu, zwei gleich dicke Seile zu verbinden.

Auge und Bucht

Ein Auge ist eine Schlaufe. Es sieht aus wie ein O, bei dem sich die Seilenden überschneiden.
Eine Bucht sieht aus wie ein U, dabei wird ein Seilende einfach abgeknickt.

Dazu benötigst du:
- Seile oder Schnüre

Lassoknoten

1. Forme ein kleines Auge.

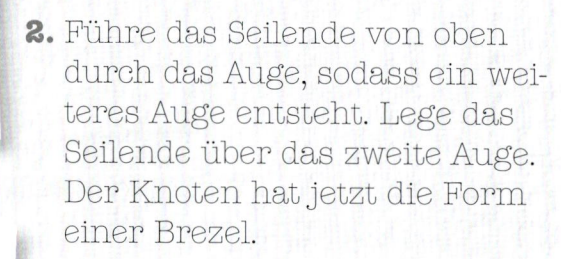

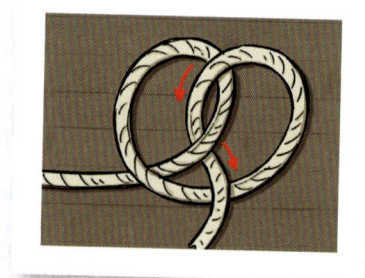

2. Führe das Seilende von oben durch das Auge, sodass ein weiteres Auge entsteht. Lege das Seilende über das zweite Auge. Der Knoten hat jetzt die Form einer Brezel.

3. Schiebe nun das Seilende von unten durch das erste Auge.

4. Ziehe den Knoten fest.

5. Damit es ein Lasso wird, steckst du das andere Seilende durch die Schlaufe.

Achterknoten

1. Forme ein Auge. Du legst das Seilende dabei unter das liegende Seil.

2. Führe das Seilende nun wieder zurück, indem du es über dem liegenden Seil durchführst und dann von unten durch das Auge. Ziehe beide Seilenden fest.

Kreuzknoten

1. Lege mit einem Seilende eine Bucht.

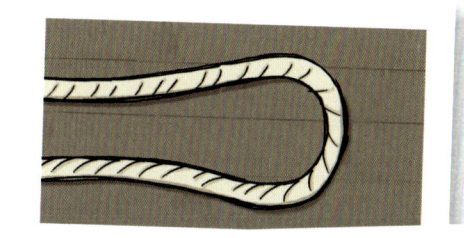

2. Das Seilende des zweiten Seils schiebst du von unten durch die Bucht.

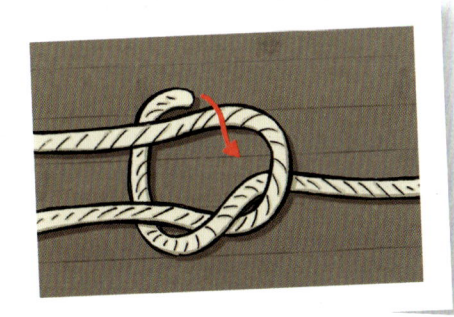

3. Dann führst du das Seilende des zweiten Seils unter den beiden Seilenden des ersten Seils hindurch.

4. Zum Schluss führst du das Seilende des zweiten Seils von oben durch die Bucht und ziehst alle vier Seilenden fest.

Der Sommer – Spezial

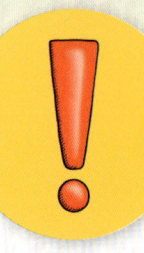

AN DEN STERNEN ORIENTIEREN

Bist du in der Wildnis unterwegs und hast den Kompass vergessen, kannst du dich anderweitig orientieren. Tags leitet dich unsere Sonne. Während der Nacht können dir die Sterne eine Hilfe sein, den richtigen Weg einzuschlagen.

Dazu benötigst du:
- Uhr mit Ziffernblatt

So wird's gemacht:

1. Achte auf die Sonne. Sie geht bekanntlich am Morgen im Osten auf und abends im Westen unter, mittags steht sie im Süden.

2. Halte nun die Uhr so, dass der Stundenzeiger auf die Sonne gerichtet ist. Süden liegt nun in der Mitte zwischen zwölf Uhr (während der Sommerzeit ein Uhr) und der Uhrzeit, die der kleine Zeiger anzeigt. Ist es im Winter zum Beispiel vier Uhr am Nachmittag, ist Süden dort wo die Zwei auf deiner Uhr hinzeigt.

3. Keine Sonne in Sicht, sondern tiefste Nacht? Versuche, den Polarstern am Himmel zu finden, denn er steht immer im Norden. Suche zunächst den „Großen Wagen": ein Sternbild, das aussieht wie ein viereckiger Kasten mit einem gebogenen Handgriff, wenn du die Sterne mit einer Linie verbinden würdest. Verlängerst du im Kopf die Linie von der Hinterwand des Wagens ungefähr fünfmal nach oben, dann stößt du auf den Polarstern, der üblicherweise sehr hell leuchtet.

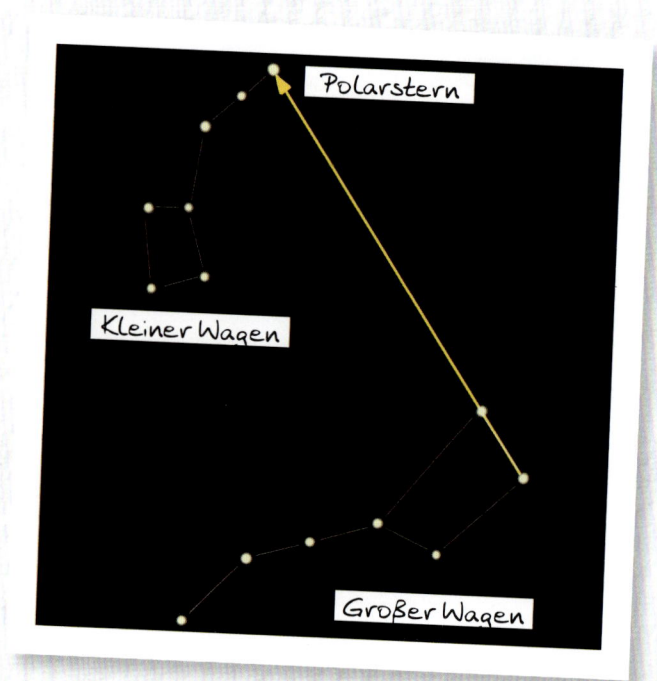

TIPI BAUEN

Suchst du einen Unterschlupf, wohin du dich zurückziehen kannst wie damals die Indianer, dann baue dir zusammen mit einem Erwachsenen ein Tipi.

Dazu benötigst du:
- 6 Holzstangen, etwa 2 Meter lang
- 2 Seile
- Decken, Bettlaken oder Stoffreste
- Wäscheklammern oder Textilband

So wird's gemacht:

1. Für das Grundgerüst stellst du drei Holzstangen pyramidenförmig auf und bindest sie mit einem Seil oben fest zusammen.

2. Die anderen drei Stäbe stellst du zwischen die ersten drei und bindest alle sechs Stangen zusammen.

3. Behänge nun die Stangen von oben nach unten mit den Decken, Bettlaken oder Stoffresten.

4. Mit Wäscheklammern oder Textilband befestigst du die Stoffstücke aneinander und an den Stäben. Achte darauf, dass du an einer Seite einen Eingang brauchst. Dort lässt du eine Öffnung zwischen den Decken.

Der Sommer – Spezial

WASSER GEWINNEN

Ausreichend Wasser ist für jeden Abenteurer überlebenswichtig. Solltest du einmal einen Engpass haben, kannst du mithilfe der Sonne Wasser „herbeizaubern". Dieses Experiment kannst du auch einfach an einem sonnigen, heißen Sommertag ausprobieren.

Dazu benötigst du:
- Schaufel
- Gefäß (Becher oder kleine Schale)
- Klarsichtfolie
- Steine

So wird's gemacht:

1. Grabe ein Loch in die Erde, das tiefer und breiter ist als das Gefäß, in dem du das Wasser sammeln möchtest. Die Stelle sollte auf einem freien Feld liegen, sodass die Sonne vollständig darauf scheinen kann.

2. Stelle das Gefäß in die Mitte des Lochs. Danach spanne die Klarsichtfolie über die ganze Grube. Am Rande legst du Steine auf die Folie, damit sie fest gespannt ist.

3. Lege nun einen kleinen Stein auf die Folie über dem Gefäß, sodass sie dort etwas durchhängt.

4. Jetzt heißt es erst einmal abwarten. In der Sonne kondensiert die Feuchtigkeit aus der Erde und es bilden sich kleine Wassertropfen von unten an der Folie. Durch die Wölbung bewegen sich die Tropfen zur Mitte und tropfen in dein Gefäß, wenn sie groß genug sind.

SCHATZSUCHE IM WALD

Mit einer Schatzsuche im Wald kannst du deine Freunde auf die Probe stellen und dabei mit ihnen viel Spaß haben. Das Spiel bedarf einer guten und genauen Planung. Überlege dir am besten vorher, welche Aufgaben auf die Spieler warten könnten.

Dazu benötigst du:
- Straßenkreide, Bänder, Tannenzapfen oder Steine
- Papier
- Stift
- Schatz (zum Beispiel Süßigkeiten, Modeschmuck in Pappschachtel)

So wird's gemacht:

1. Begehe als Erstes das Waldstück. Dabei überlegst du dir das Spielfeld der Schatzsuche und markierst einzelne Stationen mit Straßenkreide, Bändern, Tannenzapfen oder Steinen.
2. Bereite an den Stationen die einzelnen Aufgaben vor, wie verschiedenartige Blätter sammeln, Quizfragen zu Pflanzen oder Tieren beantworten oder mit verbundenen Augen auf einem Baumstamm balancieren. Die Anleitung schreibst du auf das Papier, das du neben der Markierung unter einen Stein oder Stock legst.
3. Am Ziel versteckst du einen Schatz, etwa unter einem Laubhaufen.
4. Erstelle eine Schatzkarte, in der du die einzelnen Stationen einzeichnest und einen Hinweis, welche Aufgabe auf die Spieler wartet, beim Blättersuchen beispielsweise zeichnest du ein Blatt.
5. Ist alles vorbereitet, kann die Gruppe mit der Schatzsuche beginnen. Als Spielleiter begleitest du die Gruppe, aber du verrätst natürlich keine Stationen oder Lösungen.

Der Sommer

REGENWURM-TERRARIUM

Möchtest du einmal Regenwürmer beobachten, wie sie sich durch die Erde schlängeln und Gänge bauen? Regenwürmer ernähren sich von Pflanzenabfällen und Blättern und sorgen so für einen nährstoffreichen Erdboden. Baue dir zusammen mit einem Erwachsenen ein Terrarium und erforsche die Würmer.

Dazu benötigst du:
- 3 unbehandelte Holzleisten, (jeweils 5 Zentimeter breit mal 3 Zentimeter hoch; 2 Holzleisten 17 Zentimeter lang, 1 Holzleiste 30 Zentimeter lang)
- Schrauben
- Akkubohrer oder Handbohrer
- 2 Plexiglasscheiben (je 20 Zentimeter mal 30 Zentimeter)
- Stift
- 2 kleine Holzleisten als Füße
- unterschiedliche Bodenarten (Gartenerde, Sand)
- Obst- und Gemüseabfälle, Blätter, Gras
- Gießkanne
- Regenwürmer
- dunkles Tuch

So wird's gemacht:
1. Schraube zunächst die drei Holzleisten aneinander. Die 30 Zentimeter lange Leiste bildet den Boden. Die beiden anderen Holzleisten (jeweils 17 Zentimeter) schraubst du senkrecht auf die beiden Enden der Bodenleiste, sodass ein U entsteht.
2. Markiere mit dem Stift auf den beiden Plexiglasscheiben (an den beiden kurzen Seiten und auf einer langen Seite), wo die Schrauben befestigt werden. Die Stellen sollten in gleichmäßigen Abständen sein und etwa eineinhalb Zentimeter vom Rand entfernt.

3. Bohre an den markierten Stellen mit dem Akku- oder Handbohrer Löcher in die Plexiglasscheiben.

4. Lege die Plexiglasscheiben passend an das Holzgestell, auf jeder Seite eine Scheibe, und schraube alles zusammen.

5. Stelle das Terrarium auf die beiden kleinen Holzleisten.

6. Nun befüllst du die Regenwurmbehausung: Schichte erst Erde und Sand aufeinander. Obendrauf legst du die Obst- und Gemüseabfälle sowie die Blätter und Gras. Gieße auch etwas Wasser darauf, sodass die Erde feucht, aber nicht nass ist.

7. Als Letztes kommen die Regenwürmer in das Terrarium.

8. Decke das Terrarium mit einem dunklen Tuch ab, denn Regenwürmer sind lichtempfindlich. Am besten stellst du es an einen kühlen Ort, beispielsweise in den Keller.

9. Nimm das Tuch nur ab, wenn du die Würmer beobachten möchtest. Nach wenigen Tagen wirst du Veränderungen im Terrarium bemerken. Denk auch daran, die Würmer mit Küchenabfällen zu füttern.

10. Hast du viele interessante Beobachtungen gemacht, setzt du die Regenwürmer wieder in der Natur aus.

Der Sommer

STEINCHEN WERFEN

Mit ein paar gleichmäßig geformten Steinchen könnt ihr ganz spontan ein tolles Spiel in der Natur spielen.

Dazu benötigst du:
- mindestens 2 Spieler
- Stock
- 3 runde, möglichst gleichmäßige Steinchen pro Spieler

So wird's gemacht:
1. Sucht euch einen ebenen, festgetretenen Naturboden, beispielsweise einen Sand- oder Waldboden, auf dem ihr spielen könnt.
2. Drückt mit dem Schuh eine kleine Mulde in den Boden. In diese Vertiefung sollen die Steinchen eingelocht werden.
3. Zieht mit einem Stock in einer Entfernung von drei bis fünf Metern eine Linie und stellt euch hinter dieser auf.
4. Lasst das Los entscheiden, wer beginnt. Jeder von euch wirft ein Steinchen und versucht, in die Grube zu treffen. Verfehlst du das Loch, bleibt der Stein liegen. Triffst du das Loch, darfst du alle Kiesel, die um die Grube herumliegen, einsammeln.
5. So geht es Runde um Runde. Wer keine Steine mehr hat, scheidet aus.

Wurftechniken
Es gibt verschiedene Techniken, das Steinchen zu werfen. Du hältst es zwischen Daumen und Zeigefinger und wirfst es mit Schwung aus dem Handgelenk. Du kannst den Stein auch zwischen Daumen und Zeige- oder Mittelfinger nehmen und ihn mit den Fingerkuppen wegschnippen.

HÖHLE BAUEN

Wenn ihr auf euren Abenteuerzügen zwischendurch ein wenig Ruhe braucht, dann baut euch im Wald eine Höhle, in der ihr euch verkriechen könnt.

Dazu benötigst du:
- 2 nebeneinanderstehende Bäume
- 1 dicken, langen Ast und einige dünne, lange Äste
- dünne Zweige
- Steine
- Blätter, Tannenzweige

So wird's gemacht:

1. Sammelt alle Baumaterialien zusammen. Dann sucht ihr euch zwei Bäume, die recht dicht beieinanderstehen und jeweils in nicht allzu großer Höhe eine kräftige Astgabelung haben.

2. Legt einen dicken Ast zwischen die Astgabeln der Bäume. Dies ist euer Dachbalken. Wenn ihr einen kräftigen Ast findet, der ganz schräg in Schulterhöhe absteht, könnt ihr auch diesen als Dachfirst nehmen.

3. Lehnt jetzt die dünnen, langen Äste schräg an den Dachfirst. Denkt daran, an einer Seite Platz für den Eingang zu lassen.

4. Zwischen die Äste könnt ihr vorsichtig dünnere Zweige legen und sie miteinander verweben.

5. Unten auf den Boden legt ihr Steine direkt an die Äste, damit diese nicht wegrutschen.

6. Zum Schluss deckt ihr die Hütte mit Blättern und Tannenzweigen ab. Dabei arbeitet ihr von unten nach oben.

Der Sommer

FAHRRADPARCOURS

Fahrrad fahren ist ein leichtes Spiel für dich. Doch wie sieht es mit deiner Geschicklichkeit und Sicherheit auf dem Drahtesel aus? Errichte einen Fahrradparcours und stelle dich der Herausforderung.

Dazu benötigst du:
- Fahrrad
- Fahrradhelm
- Kreide
- Eimer oder Büchsen
- 1 langes Holzbrett
- Steine, etwa 10 Zentimeter hoch
- Tennisball

So wird's gemacht:
1. Markiere mit Kreide eine zehn Meter lange Spur, die nur 20 Zentimeter breit ist. Aufgabe ist es hier, in der engen Spur zu bleiben.
2. Stelle in einem Abstand von einem Meter zehn Eimer oder Büchsen in einer Reihe auf. Fahre mit dem Rad einen Slalom um die Hindernisse herum. 
3. Lege ein langes Holzbrett auf den Parcours. An einer Längsseite des Bretts legst du Steine darunter, sodass das Holzbrett schrägt liegt. Fahre nun über das Brett ohne abzurutschen.
4. Male mit Kreide eine große Acht auf den Boden und versuche, genau auf der gezeichneten Linie zu fahren.  
5. Auf einen umgedrehten Eimer legst du einen Tennisball. Zehn Meter entfernt stellst du einen weiteren Eimer mit der Öffnung nach oben auf. Greif nun während des Fahrens den Tennisball und wirf ihn im Vorbeifahren in den nachfolgenden Eimer.

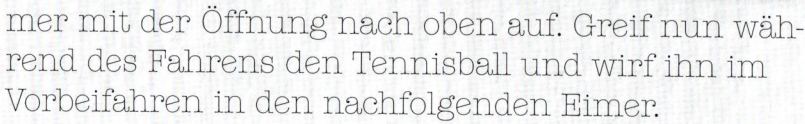

GEWITTER BEOBACHTEN

Der Himmel verdunkelt sich plötzlich an einem Sommertag, es ziehen schwarze Wolken auf und der Wind nimmt zu. Ein Gewitter ist im Anmarsch. Suche dir ein sicheres Plätzchen und beobachte das Spektakel am Himmel.

So wird's gemacht:

1. Wenn du in der Natur bist, darfst du dich auf keinen Fall unter einen Baum oder Turm stellen. Auf dem Fahrrad oder im Wasser bist du ebenfalls nicht sicher. Am besten suchst du Unterschlupf in einem Auto oder Haus. Von dort aus kannst du das Gewitter beobachten.

2. Ein Gewitter entsteht, wenn sich die Luft in Bodennähe sehr stark erwärmt. Steigt die Luft nach oben in kältere Luftschichten auf, können sich dort Gewitterwolken bilden.

3. Siehst du einen Blitz, dann hörst du kurze Zeit später einen Donnerschlag. Eigentlich passieren die beiden Vorgänge zur gleichen Zeit. Der Blitz heizt die ihn umgebende Luft auf. Die dehnt sich daraufhin rasend schnell aus und erzeugt Schallwellen, den Donner.

4. Wenn du die Sekunden zwischen Blitz und Donner zählst, so kannst du errechnen, wie weit das Unwetter entfernt ist. In drei Sekunden legt ein Donner ungefähr einen Kilometer zurück. Zählst du sechs Sekunden zwischen Blitz und Donner, ist das Gewitter also zwei Kilometer entfernt (6 geteilt durch 3 ergibt 2).

Der Sommer

Der Herbst

Wetterallerlei

Der Herbst kann golden sein – jedoch auch stürmisch und nass. Bei Sonnenschein ist es kaum zu glauben, dass der Sommer vorbei sein soll. Kühlere Winde und steigender Niederschlag kündigen die dunklere Jahreszeit bereits an. Überall ist die Ernte eingefahren und es gibt leckeres Obst und Gemüse im Überfluss. Im Herbst kannst du mit den Elementen spielen: Die Winde laden zum Drachensteigen ein und auf der Erde liegen mit heruntergewehten Blättern, Ästen, Nüssen und Samen hervorragende natürliche Bastelmaterialien.

Altweibersommer

Für Sternforscher, auch Astronomen genannt, beginnt der Herbst am 22. oder 23. September, wenn der Tag und die Nacht genau gleich lang sind. Für die Wetterfrösche, die Meteorologen, geht es schon am 1. September los. Dann ist es meistens noch schön warm und alle Blätter leuchten in den buntesten Farben. Das kommt daher, dass der grüne Farbstoff in den Blättern langsam abgebaut wird und andere Farbstoffe zu sehen sind. Von Gelb über Orange bis leuchtend Rot und Rostfarben ist eine große Palette vorhanden. Diese Zeit wird auch Altweibersommer genannt. Dieser Name hat allerdings nichts mit alten Frauen zu tun, sondern mit den Spinnweben, die jetzt überall auf den Wiesen, in Hecken und an Bäumen zu sehen sind. Früher hieß das Wort für „weben" nämlich „wieben" und daraus wurde dann irgendwann „weiben".

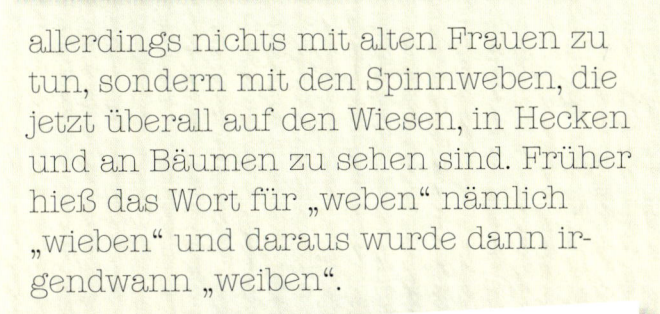

Stürmische Zeiten

Der Herbst zieht sich weiter über Oktober und November bis Dezember hin, wo er am Tag der Wintersonnenwende, dem kürzesten Tag im Jahr, endet. Das ist meist der 21. oder 22. Dezember. Bis dahin bietet der Herbst sehr viel Abwechslung. Die anfangs schönen, warmen Tage werden abgelöst von Stürmen und viel Regen. Doch keine Angst, auch bei diesem Wetter gibt es viele großartige Outdooraktivitäten. Du brauchst nur die richtige wetter- und regenfeste Kleidung. Wenn die Sonnenstrahlen nicht mehr wärmen und Ende Oktober die meisten Blätter zu Boden fallen, kündigt das schon den Winter an. Jetzt kann es auch zu den ersten Nachtfrösten kommen und es ist Zeit, die Garderobe auf Winterkleidung umzustellen. Es wird auch immer früher dunkel – und morgens später hell. Der November und Dezember sind meist die dunkelsten Monate im Jahr.

Es darf gefeiert werden

Der bunte Herbst ist auch so abwechslungsreich wegen seiner vielen Feste. Zuerst wird das Erntedankfest gefeiert, bei dem sich die Menschen für die Vielfalt der geernteten Früchte bedanken: leckere Äpfel, süße Weintrauben, kerniges Getreide und viele andere Obst- und Gemüsesorten. Überall gibt es Feste mit farbenfrohen Dekorationen aus Stroh, Zierkürbissen, verschiedenen trockenen Gräsern, Blüten, Samen, Eicheln, Hagebutten und Blättern. Besonders beliebt bei Kindern ist Halloween am 31. Oktober. Das Wort stammt vom altenglischen Begriff „All Hallows' Eve", was „Abend vor Allerheiligen" bedeutet. Das Fest geht auf vorchristliche Bräuche zurück. Damals wollten die Menschen Geister vertreiben, indem sie sich möglichst abschreckend kostümierten. Im November denken die Menschen aber auch an verstorbene Familienmitglieder, am Totensonntag und Volkstrauertag geht man auf den Friedhof und zündet Kerzen an. Am 11. November folgt dann der Sankt-Martins-Tag mit seinen Laternenumzügen.

Kürbis-Zeit

Hast du gewusst, dass der Kürbis eine Beere ist? Kaum zu glauben, aber wahr. Zu den Beeren zählen alle Früchte mit vielen Kernen in ihrem Inneren. So ist der Kürbis mit Tomaten und Gurken verwandt, aber auch mit Zitrusfrüchten, Paprika und der Johannisbeere. Kürbisse gibt es schon seit sehr langer Zeit, Forscher haben versteinerte Exemplare gefunden, die über 10.000 Jahre alt sein sollen. Hier gibt es den Kürbis allerdings noch nicht so lange, denn er wurde erst von Christoph Kolumbus (um 1451–1506) von seinen Entdeckungsreisen in Südamerika nach Europa mitgebracht.

Survival-Methoden für schlechte Zeiten

Auch Tiere bereiten sich im Herbst auf den Winter vor: Manche Tiere halten Winterschlaf, einige ruhen nur während dieser Zeit. Deshalb ist der Herbst für sie eine sehr aktive, anstrengende Zeit. Winterschläfer wie Igel, Fledermäuse und Siebenschläfer verbringen ihre Tage damit, sich ein gutes Fettpolster anzufressen, von dem sie während des Winters leben müssen. Tiere, die Winterruhe halten, wie Dachs, Bären und Eichhörnchen, legen sich eifrig Vorräte an, da die Natur im Winter nichts zu fressen bieten kann.

Der Herbst

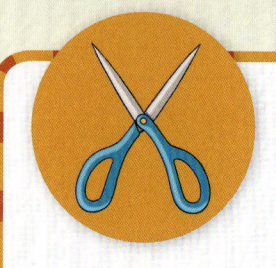

SELBST GEMACHTER SCHMUCK

Wusstest du, dass du auch Schmuck aus Naturmaterialien herstellen kannst? Es ist ganz einfach, eine schöne Kette oder ein schickes Armband zu basteln. Dazu brauchst du nur verschiedene Samen und Kerne, die du im Herbst aus verschiedenem Obst und Gemüse herausnehmen kannst.

Dazu benötigst du:
- Samen von verschiedenem Obst und Gemüse (zum Beispiel Kürbissamen, Apfel-, Sonnenblumen- und Melonenkerne, auch Bohnen sind gut geeignet)
- Zeitungspapier
- dünne Schnur oder festes Nähgarn
- Schere
- schmales Gummiband
- dicke Nähnadel

So wird's gemacht:

1. In vielen Obst- und Gemüsesorten gibt es Samen oder Kerne, die meistens ziemlich hart sind und verschiedene Formen und Farben haben. Kürbiskerne sind oft hellbeige, Apfelkerne braun und Bohnen gibt es in einer ganzen Palette von Farben.

2. Löse die Samen oder Kerne vorsichtig vom umgebenden Fruchtfleisch und wasche sie gründlich ab.

3. Lege die Samen und Kerne auf Zeitungspapier – am besten auf die Heizung. Sie sollten über Nacht trocknen.

4. Miss ein Stück dünne Schnur oder einen Faden festes Nähgarn so ab, dass es über deinen Kopf passt und schneide es ab. Für ein Armband eignet sich ein schmales Gummiband besser: Miss ab, ob es über deine Hand passt und schneide es ebenfalls mit der Schere ab.

5. Nun fädelst du den Faden, die Schnur oder das Gummiband in eine dicke Nähnadel ein.

6. Lege die Samen in der Reihenfolge auf eine Arbeitsfläche, wie du sie in deiner Kette oder am Armband haben möchtest. Du kannst beispielsweise Muster bilden wie kleine Samen – große Samen oder viele kleine Kerne rund um größere Samen auffädeln.

7. Wenn das Band voll ist, verschließe es fest mit einem Knoten.

SPIELERISCHER WALDSPAZIERGANG

Im Herbst ist der Wald etwas ganz Besonderes: Er riecht intensiver, die bunt gefärbten Blätter fallen, bedecken den Boden und geheimnisvolle Spinnweben durchziehen das Untergehölz. Am besten erkundest du ihn mit vielen Freunden zusammen.

Dazu benötigst du:
- wetterfeste Herbstbekleidung

So wird's gemacht:

1. Stellt euch vor, ihr seid Entdecker. Findet auf dem Spaziergang Wohnungen von Elfen, Zwergen und Waldgeistern. Sie leben im Unterholz, zwischen Blättern und Spinnweben.

2. Spannend ist auch, den Wald im Kleinen zu erforschen. Markiert mit Holzstöcken oder Steinen eine bestimmte, kleinere Fläche. Setzt euch um die Fläche herum und jeder nennt reihum einen Gegenstand, den er sieht. Jeder darf jeweils nur einen nennen, bis keiner mehr etwas Neues entdecken kann.

3. Entdeckt die „Gesichter der Bäume": In der Rinde erkennt ihr Gesichter, dabei bilden Astlöcher Nasen, Augen oder Münder.

4. Sammelt in einer vorher festgelegten Zeit (etwa fünf Minuten) Blätter in verschiedenen Farben, Zapfen, Steine, Eicheln und Kastanien. Mit diesen könnt ihr nun Domino spielen: Der Erste legt zwei Gegenstände auf den Boden, zum Beispiel ein rotes Blatt und einen Stein. Der zweite Spieler kann nun entweder am Stein einen weiteren Stein anlegen oder zum roten Blatt ein weiteres hinzufügen. Das Spiel geht so lange, bis kein Spieler mehr anlegen kann.

Der Herbst

STROHPUPPE BASTELN

Um eine Strohpuppe zu basteln, brauchst du nur im Herbst einen Spaziergang durch die Natur zu machen. Dort findest du alle Materialien zum Basteln einer Puppe.

Dazu benötigst du:
- Gras oder Stroh
- Schere oder Messer
- Bast
- Blumen für das Gesicht
- Bastelkleber

So wird's gemacht:

1. Schneide auf einer Wiese oder in einem Feld zwei bis drei Handvoll lange Stängel Gras oder Stroh ab.
2. Biege den oberen Teil der Stängel um. Das wird der Kopf. Umwickle mit dem Bast oder mit anderen Stängeln den Teil zwischen Kopf und Rumpf.
3. Teile die unteren Stängel in zwei Beine ein und umwickele sie an den Füßen mit Bast.
4. Nun befestigst du auf der hinteren Seite des Körpers einige Stängel quer, indem du beide Bündel mit Bast umwickelst. Das sind die Arme. Ebenfalls kannst du mit Bast die Hände umwickeln.
5. Mit den Blumen kannst du ein Gesicht gestalten und festkleben.

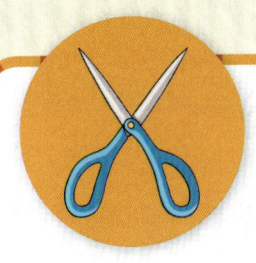

IGELBURG BAUEN

Hilf den niedlichen kleinen Gesellen, indem du ihnen eine kleine Burg zum Überwintern baust. Igel halten einen Winterschlaf, bei dem sie ihre Körpertemperatur bis auf fünf Grad Celsius absenken können. Die Igelbehausung sollte sie deshalb schön warm – aber nicht zu warm – halten.

Dazu benötigst du:
- circa 35 Ziegelsteine
- 1 Gehwegplatte (zum Beispiel aus Schiefer oder Beton, etwa 50 Zentimeter mal 50 Zentimeter groß)
- Laub, Stroh, eventuell Wolle
- Äste, Zweige, Gräser

So wird's gemacht:

1. Schichte die Ziegelsteine in einer ruhigen Ecke des Gartens in einem Viereck auf. Lass einen Eingang von etwa zehn Zentimetern Höhe und Breite offen. Wenn die Steine zu schwer sind, bitte einen Erwachsenen um Hilfe. Wichtig: Der Eingang sollte zu einer geschützten Seite hin zeigen. Die Igelburg sollte etwa 30 Zentimeter hoch sein und der Innenraum entsprechend ebenfalls 30 Zentimeter lang und breit.

2. Mit der Gehwegplatte schließt du die Burg nach oben hin ab. Am besten lässt du dir von einem Erwachsenen dabei helfen. Polstere die Igelburg mit Laub, Stroh und eventuell auch Wolle aus, damit es die Igelfamilie schön warm hat.

3. Zum Schluss tarnst du die Behausung und besonders den Eingang mit Zweigen, Ästen und Gräsern, damit die Igel vor Feinden geschützt sind.

Der Herbst

BLÄTTER SAMMELN UND PRESSEN

Im Herbst fallen nach und nach viele Blätter von den Bäumen auf den Boden. Sie haben sich stark verändert. Du kannst diesen Vorgang dokumentieren, indem du Blätter in verschiedenen Farben sammelst, presst und damit eine Collage bastelst.

Dazu benötigst du:
- Blätter
- dicke Bücher
- Papier
- Bastelkleber

So wird's gemacht:

1. Mache einen Wald- oder Parkspaziergang und sammle Blätter in verschiedenen Farben. Einige sind vielleicht noch grün, einige rot oder gelb oder sie sind gerade dabei, die Farben zu wechseln.

2. Lege die Blätter zwischen die Seiten von dicken Büchern. So können sie trocknen und werden dabei flach gepresst. Dafür brauchen sie etwa zwei bis drei Tage.

3. Die Blätter kannst du nun auf ein Blatt Papier kleben. Dabei kannst du deiner Fantasie freien Lauf lassen und etwa Männchen oder Tiere gestalten.

Lernhilfe

Du kannst auch mithilfe eines Erwachsenen versuchen, die verschiedenen Blätter zu bestimmen. Du weißt vielleicht schon, wie das gezackte Ahornblatt oder das feingliedrige, an den Ecken abgerundete Eichenblatt aussieht. Im Internet finden sich viele Seiten, die bei der Bestimmung der Blattarten helfen können. Schreibe die Namen der Arten neben die aufgeklebten Blätter.

ZAPFEN WERFEN

Im Herbst findet ihr im Wald und im Park oft viele Zapfen von Tannen-, Fichten- und anderen Nadelbäumen. Sie eignen sich sehr gut zum Zielwerfen.

Dazu benötigst du:
- mindestens 2 Spieler
- Steine oder Holzstücke, um das Ziel zu markieren
- Zapfen zum Werfen

So wird's gemacht:
1. Tragt größere Steine, Holzstücke oder Äste zusammen, um einen Zielbereich für das Werfen zu markieren. Der Zielbereich sollte etwa 50 Zentimeter in Länge und Breite aufweisen.
2. Sammelt für jeden Mitspieler die gleiche Anzahl an Zapfen ein (etwa zehn Stück). Sie sollten auch ungefähr gleich groß sein.
3. Bestimmt eine Abwurflinie. Je weiter ihr vom Ziel entfernt seid, desto schwieriger wird es, die Zapfen hineinzuwerfen. Fangt mit einem kurzen Abstand von einem Meter an und steigert die Entfernung.
4. Jetzt werft ihr abwechselnd so lange Zapfen in das Ziel, bis alle Zapfen aufgebraucht sind. Wer die meisten Zapfen ins Ziel geworfen hat, ist der Gewinner.

Rückwärts werfen

Wenn ihr schon sehr geschickte Werfer seid, könnt ihr das Spiel noch spannender gestalten, indem ihr versucht, den Zielbereich rückwärts zu treffen. Stellt euch mit dem Rücken an die Abwurflinie, nachdem ihr das Ziel ins Auge gefasst habt, und werft den Zapfen über die Schulter.

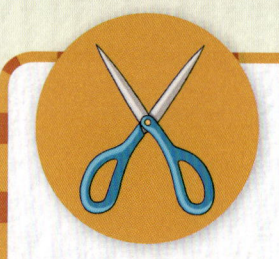

Drachen basteln

Herbstzeit ist Drachenzeit: Mit wenigen Dingen aus Natur und Haushalt kannst du einen Bogendrachen anfertigen, der flugfähig ist.

Dazu benötigst du:
- 1 gerades Stück Ast aus weichem Holz (Holunder, Pappel oder Birke), etwa 50 Zentimeter lang und 3 Zentimeter dick
- Taschenmesser mit Dorn (zum Löcherbohren)
- 2 biegsame Äste aus weichem Holz (Weide, Ulme oder Haselnuss), etwa 75 Zentimeter lang und 2 Zentimeter dick
- Klebe- oder Panzerband
- Nylonfaden
- Schere
- 1 große Papier- oder Plastiktüte, mindestens 1 Meter lang und 60 Zentimeter breit
- Klebstoff
- bunte Filzstifte
- Drachenleine

So wird's gemacht:

1. Der dickere Ast wird die Querstange des Drachengerüsts. Bohre links und rechts etwa einen Zentimeter von den Enden ein Loch und stecke einen der dünneren Äste in die Löcher. Das bildet den Bogen des Drachens.

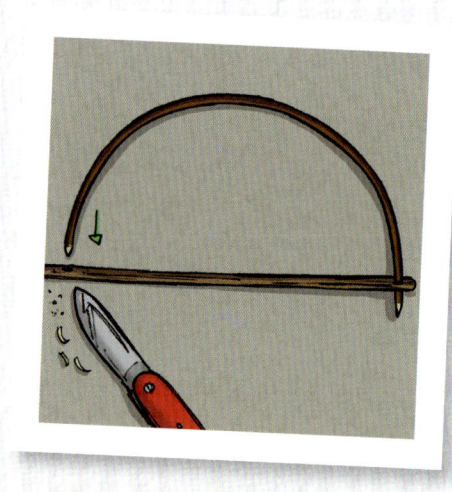

2. Bohre ein Loch in die Mitte der Querstange und stecke den zweiten dünneren Ast hindurch. Befestige das obere Ende des Astes in der Mitte des Bogens mit Klebeband. Das ist die Längsstange.

3. Binde links am Bogen an der Verbindung zur Querstange einen Nylonfaden an und ziehe es bis nach unten zur Längsstange. Spanne es und binde es fest. Auf der rechten Seite verfährst du genauso.

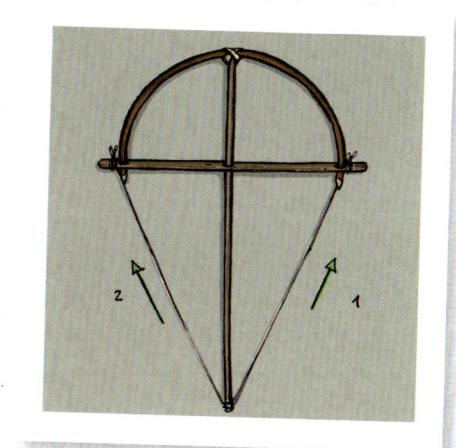

4. Schneide die Tüte links und rechts auf und lege sie auf eine Arbeitsfläche. Dann lege das Holzgerüst darauf und schneide drumherum mit der Schere aus. Lass dabei einen mindestens sechs Zentimeter breiten Rand außen stehen.

5. Schlage den überstehenden Rand fest um und klebe ihn mit Klebstoff oder Panzerband fest. Wichtig: Auch das Gerüst festkleben, denn die Drachenhaut muss fest gespannt sein.

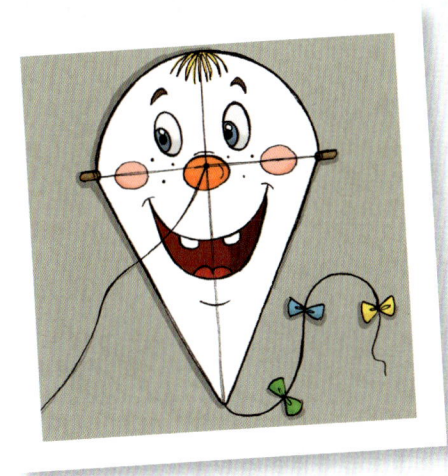

6. Knote einen neuen Nylonfaden an die linke Seite des Querstabes und ziehe ihn locker von links nach rechts und befestige ihn dort am Ende. Ziehe einen anderen Nylonfaden von oben nach unten an der Längsstange entlang und verknote die beiden Schnüre an der Stelle, wo sie aufeinandertreffen. Du hast jetzt einen Faden von links nach rechts und einen von oben nach unten, die in Höhe des Querstabes verbunden sind. Das ist die sogenannte Waage. An ihr wird die Drachenleine befestigt.

7. Male mit den bunten Stiften ein lustiges Gesicht auf den Drachen und bastle aus den Tütenresten mit Nylonschnur einen Drachenschwanz!

Der Herbst

ZUGVÖGEL BEOBACHTEN

Jedes Jahr im Herbst, besonders im September und Oktober, kannst du Tausende von Zugvögeln beobachten. Sie fliegen aus ihren Brutgebieten in Deutschland und unseren nordischen Nachbarländern nach Südeuropa und sogar bis nach Afrika, um dort zu überwintern.

Dazu benötigst du:
- wetterfeste, dunkle Herbstbekleidung
- feste Schuhe
- Fernglas

So wird's gemacht:

1. Besonders gut kannst du Zugvögel an den Küsten und in Naturschutzgebieten beobachten, wo viele der geflügelten Wanderer sich zum Rasten und Wiederauftanken der Fettreserven niederlassen. Ob Fink, Star, Kranich, Kuckuck, Falke, Schwalbe, Storch oder Graugans, alle wollen dem kalten Winter entgehen.

2. Suche dir eine Anhöhe, von der aus du einen weiten Blick rundum hast. Dunkle oder naturfarbene Kleidung gibt dir Tarnung, damit die Vögel nicht alarmiert werden. Das Fernglas hilft dir bei der Beobachtung.

3. Willst du Vögel beobachten, musst du ganz leise sein, um sie nicht zu verschrecken. Verhalte dich ruhig und halte Abstand. Achte auf das Geschrei und Geschnatter untereinander.

4. Besonders auffällig ist der Zug der Graugänse. Sie sind ziemlich groß und berühmt für ihre Formationszüge. Diese kannst du daran erkennen, dass ein Vogel in der Mitte des Schwarms vorausfliegt und die anderen, links und rechts V-förmig angeordnet, folgen. Auch Kraniche fliegen häufig in der V-Formation. Beide Vogelgruppen kannst du schon von Weitem hören.

BLÄTTERKRANZ

Da im Herbst die Blätter von den Bäumen fallen, ist dies die beste Zeit, einen schönen, bunten Blätterkranz zu basteln. Den kannst du an einer Tür oder im Fenster aufhängen.

Dazu benötigst du:
- Bastel- oder Blumendraht
- Drahtschere oder -zange
- große Menge möglichst noch feuchter Blätter
- Geschenk- oder Zierband

So wird's gemacht:

1. Bevor du zum Blättersammeln gehst, schneide ein Stück Draht in der gewünschten Länge mit der Drahtzange von der Rolle ab (ein Meter Draht ergibt schon einen ziemlich großen Kranz).

2. Am besten gehst du an einem Tag, nachdem es geregnet hat, in einen Wald oder Park und sammelst möglichst große Blätter in verschiedenen Farben. Feuchte Blätter lassen sich besser auf den Draht spießen. Spieße diese gleich auf den mitgebrachten Draht. Je länger der Draht ist, desto mehr Blätter brauchst du.

3. Wenn genug Blätter am Draht hängen, verschließe den Kranz, indem du die Enden ein wenig umbiegst und ineinander hakst.

4. Zum Schluss kannst du zur Verzierung noch eine hübsche Schleife aus Geschenk- oder Zierband zwischen die Blätter binden.

Verschönerung

Für den Blätterkranz eignen sich Ahorn-, Buchen- und Kastanienblätter besonders gut. Aber auch kleinere Blätter dazwischen können sehr schön aussehen. Du kannst auch auf eine Schnur oder einen anderen Draht Perlen oder Pailletten aufziehen und um den Kranz herumwickeln. Wenn du vom Sommer noch getrocknete Sonnenblumenblüten hast, kannst du diese ebenfalls zusätzlich einfügen.

Der Herbst

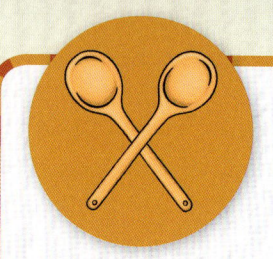

HOLUNDERSAFT SELBST GEMACHT

Holunder wächst an Wegesrändern oder im eigenen Garten. Im August und September werden die fast schwarzen Holunderbeeren reif. Achtung: Die ungekochten Beeren sind giftig!

Dazu benötigst du:
- 1 Kilogramm Holunderbeeren
- 2 große Töpfe
- 1 Leinen- oder Baumwolltuch (Geschirrtuch)
- Gummiband
- 100–200 Gramm Zucker
- abgekochte Flaschen mit Verschluss

So wird's gemacht:
1. Pflücke die Holunderbeeren mit Dolden, das sind die traubenartigen Zweige, ab.
2. Streife die Beeren in der Küche von den Ästen und wasche sie gründlich ab.
3. Fülle die Beeren in einen großen Topf, füge 250 Milliliter Wasser hinzu und koche sie etwa eine Viertelstunde, bis die Beeren weich sind.
4. Spanne ein sauberes Leinen- oder Baumwolltuch über den anderen Topf. Befestige es mit einem Gummiband. Kippe vorsichtig den Beerenmatsch darauf. Lass dir hier von einem Erwachsenen helfen, denn die Masse ist sehr heiß. Wenn keine Flüssigkeit mehr heraustropft, löse das Tuch vom Topf und winde es über der Masse aus.
5. Füge den Zucker zum Saft hinzu und koche die Mischung erneut auf.
6. Fülle den Saft in vorher abgekochte, keimfreie Flaschen ab und verschließe sie. So ist der Saft mehrere Monate haltbar.
7. Du kannst den Saft entweder mit Mineralwasser und anderen Säften gemischt und mit Eiswürfeln als Erfrischungsgetränk im Sommer trinken. Im Winter schmeckt er aufgewärmt mit Tee gemischt und mit Gewürzen wie Zimt, Nelken und Anis verfeinert. Dieses Getränk ist eine Vitaminbombe und schützt vor Erkältungen.

BLÄTTERMÄNNCHEN

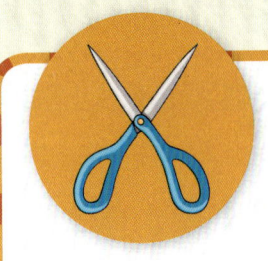

Getrocknete und gepresste Blätter sowie leere Küchen- und Toilettenpapierrollen sind die Zutaten für lustige, bunte Blättermännchen. Sie sind schnell hergestellt und bilden in einer Gruppe eine schöne herbstliche Dekoration, mit der du auch spielen kannst.

Dazu benötigst du:
- getrocknete und gepresste Blätter
- buntes Papier
- bunte Malstifte
- Schere
- Bastelkleber
- leere Küchen- und Toilettenpapierrollen
- dünne Äste

So wird's gemacht:

1. Suche ein paar schöne Blätter aus, die du zuvor in dicken Büchern gepresst und getrocknet hast (siehe Seite 84).

2. Male ein Augenpaar und einen Mund auf das Papier und schneide diese an den Rändern entlang aus. Klebe Augen und Mund auf ein Blatt – fertig ist das Gesicht!

3. Für den Körper beklebst du eine Papprolle mit buntem Papier. Du kannst sie aber auch anmalen und beispielsweise Kleidungsstücke ankleben.

4. Jetzt klebst du das Gesicht oben an der Vorderseite des Körpers fest.

5. Links und rechts bohrst du mit den Ästen kleine Löcher für die Arme in die Rolle und steckst diese dort hinein.

6. Damit die Männchen gut stehen können, bekommen sie Füße: Nimm das Papier doppelt und male ein Oval darauf. Die Größe sollte so sein, dass es vorn und hinten unter der Papierrolle herausragt. Klebe die Papiere zusammen und dann unter der Rolle fest.

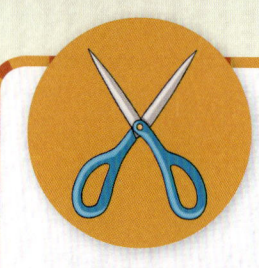

FIGUREN AUS ZAPFEN UND BLÄTTERN

Aus Tannen- und Kiefernzapfen kannst du ganz schnell und einfach lustige Männchen herstellen. Dabei sind deiner Fantasie mit Haaren und Bärten aus Moos und Farn keine Grenzen gesetzt.

Dazu benötigst du:
- Tannen- oder Kiefernzapfen, Äste, Farn, Moos
- Bastelkleber
- Eierkarton
- Schere
- bunte Malstifte
- buntes Papier

So wird's gemacht:

1. Sammle beim nächsten Spaziergang im Wald oder Park verschieden große Tannen- oder Kiefernzapfen, kleine Äste, Farn und Moos.

2. Die Äste kannst du als Arme in die Seiten eines Zapfens stecken. Mit Moos oder Farn bastelst du die Haare oder einen Bart. Diese kannst du entweder feststecken oder ankleben.

3. Aus den Spitzen des Eierkartons kannst du verschieden große Hüte abschneiden.

4. Klebe die Hüte oben auf den Haaren des Männchens fest.

5. Male mit verschiedenfarbigen Stiften ein lustiges Gesicht auf das bunte Papier.

6. Klebe das Gesicht so unter den Hut, dass man den oberen Rand nicht sieht. Die Arme sollten links und rechts unter dem Gesicht angeordnet sein.

7. Für die Füße klebe zwei oder drei Schichten Papier aufeinander, das macht das Papier stabiler. Das Papier sollte größer als der Durchmesser des Zapfens sein. Dann schneidest du eine runde Fläche aus. Klebe darauf das Männchen so fest, dass nach vorn ein wenig Papier übersteht.

WICHTELMÄNNCHEN AUS RINDE

Aus Rinde von Bäumen und wenigen Zutaten aus dem Haushalt kannst du lustige Wichtelmännchen basteln.

Dazu benötigst du:
- helle glatte Rinde (zum Beispiel Birke, Esche, Pappel)
- bunte Filzstifte
- bunten Bastelfilz
- Schere
- Klebstoff
- leere Toilettenpapierrollen
- Tonpapier oder buntes Papier
- eventuell Zeitungspapier
- Watte
- Pappe

So wird's gemacht:

1. Suche beim Spaziergang nach Ästen von Bäumen mit heller Rinde. Wenn die Äste eine Weile gelegen haben, kann man die Rinde ganz einfach abziehen.

2. Nimm ein halbrundes Stück Rinde, das etwa halb so groß ist wie eine leere Toilettenpapierrolle. Male mit einem Filzstift einen kleinen Kreis für die Nase und einen Halbmond für den Mund auf roten oder weißen Bastelfilz auf. Für die Augen malst du zwei Kreise auf weißen Filz. Schneide alles aus und male mit schwarzem Stift Pupillen in die Augen. Klebe die Augen, Nase und Mund auf den oberen Teil der Rinde.

3. Male die Papierrolle an oder beklebe sie mit Ton- oder buntem Papier.

4. Dann klebe den unteren Teil der Rinde im Inneren der Papierrolle fest. Das Gesicht schaut nun über den Rollenrand hinaus. Stopfe die Rolle mit dem restlichen Filz oder Zeitungspapier aus.

5. Klebe ein wenig Watte unter den Mund – das ist der Bart.

6. Schneide vom Filz ein so langes Stück ab, dass es um die Papierrolle geschlungen werden kann. Die untere Kante kannst du im Zickzackmuster schneiden. Klebe den Filz oben an der Rolle fest. Das ist der Umhang.

7. Für einen Hut schneidest du ein Dreieck aus Filz aus. Dieses rollst du so zusammen, dass eine Spitze entsteht. Setze den Hut auf den Rindenkopf und klebe ihn fest.

8. Für die Füße schneidest du zwei ovale Formen aus Karton aus. Male sie an und klebe sie so fest, dass sie unter der Rolle hervorragen.

Der Herbst

BAUMGRUPPE AUS MOOS UND ZAPFEN

Aus Ästen, Moos sowie Korken und Zapfen kannst du hübsche Bäumchen basteln. Sie sehen in einer Gruppe sehr schön aus und eignen sich gut als kleines Geschenk.

Dazu benötigst du:
- Äste von Bäumen (etwa 3-5 Zentimeter Durchmesser, 5-10 Zentimeter lang), Tannenzapfen, Moos, flache Steine
- alte Zeitungen
- Laubsäge
- Filzstift
- Pappkarton
- Schere
- Klebstoff
- buntes Krepppapier
- Flaschenkorken

So wird's gemacht:

1. Suche beim Spaziergang nach Ästen und Tannenzapfen. Die Äste sollten nicht zu dick sein, etwa drei bis fünf Zentimeter. Sammle dabei auch Moos und flache Steine.

2. Das Moos breitest du zu Hause auf alten Zeitungen aus und legst es zum Trocknen auf die Heizung.

3. Säge die Äste mit einer Laubsäge in fünf bis zehn Zentimeter lange Stücke. Das sind jetzt die Baumstämme. Lass dir dabei von einem Erwachsenen helfen.

4. Für die Baumkronen malst du mit dem Filzstift eine rundliche, wolkenförmige Vorlage mit etwa sieben bis zehn Zentimetern Durchmesser auf Pappkarton und schneidest sie aus. Klappe die Vorlage unten etwa einen Zentimeter nach hinten um und klebe sie auf einem Aststück fest. Nun beklebst du die Karton-Baumkrone vorn und hinten mit dem Moos.

5. Aus Krepppapier kannst du kleine Kugeln rollen und als Dekoration in das Moos kleben.

6. Kleine Bäumchen bastelst du aus Korken und Zapfen. Der Korken bildet dabei den Stamm. Klebe den Zapfen auf den Korken und das gesamte Werk dann auf einen flachen Stein.

7. Forme Früchte aus Krepppapier und klemme sie in den Zwischenräumen des Zapfens fest.

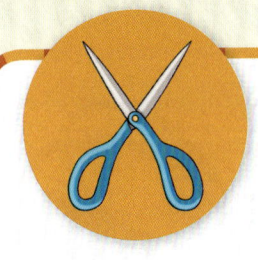

BLÄTTERKRONE BASTELN

Du kannst die Königin oder der König des Waldes sein – mit einer selbst gemachten Blätterkrone. Dafür brauchst du nur große Blätter und ein kleines, spitzes Ästchen.

Dazu benötigst du:
- große Blätter wie zum Beispiel Ahorn- oder Lindenblätter mit langen Stielen
- 1 dünnen Ast

So wird's gemacht:

1. Sammle beim nächsten Wald- oder Parkspaziergang einige Handvoll große Blätter. Besonders schön wird die Krone, wenn du verschiedene bunte Herbstfarben finden kannst. Suche außerdem einen dünnen Ast, mit dem du kleine Löcher in die Blätter stechen kannst.
2. Wähle das größte und schönste Blatt als vorderes Mittelstück für die Krone aus. Knipse mit den Fingern den Stiel ab. Knicke das Blatt an der mittleren Längsader um. Stich mit dem Ästchen am unteren Ende des Blattes durch beide Blatthälften. 
3. Nimm das nächste Blatt und fädele es mit dem Stiel durch die Hälften hindurch.
4. Falte dieses Blatt ebenfalls und durchbohre es mit dem Ästchen. Beim nächsten Blatt stichst du wieder mit dem Stiel durch die Löcher. So geht es weiter, bis die Krone um deinen Kopf passt.
5. Das letzte Blatt verbindest du mit dem ersten, damit der Kranz geschlossen ist. Dafür benutzt du einen extra Stiel von einem übrig gebliebenen Blatt.

Der Herbst

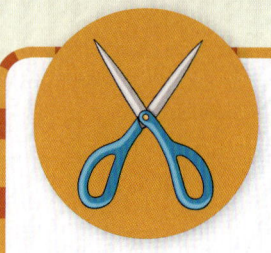

PFEIFE SCHNITZEN

Wenn die ersten Herbststürme viele Äste von den Bäumen gewirbelt haben, findest du ganz leicht Material für eine Schnitzarbeit. Es werden allerdings einige Werkzeuge benötigt, die gefährlich sein können, deshalb bitte einen Erwachsenen, dir dabei zu helfen.

Dazu benötigst du:

- 1 geraden Ast aus Weichholz mit 2–3 Zentimeter Durchmesser (zum Beispiel Lärche, Kiefer, Fichte oder Birke)
- Lineal oder Maßband
- Bleistift
- kleine Holzsäge
- Akkuschrauber
- Schnitzmesser oder Taschenmesser
- Holzdübel mit 1 Zentimeter Durchmesser
- Schleifpapier
- Olivenöl
- Band oder dickere Schnur

So wird's gemacht:

1. Miss mit einem Lineal oder Maßband zwölf Zentimeter Länge auf dem Holzstück aus und mache dort mit einem Bleistift Markierungen.

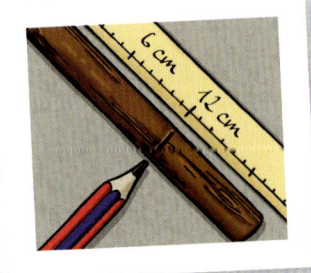

2. Säge den Ast an den Markierungen mit einer kleinen Holzsäge durch. Dabei hältst du das lange Ende des Holzstücks auf dem Tisch mit der einen Hand fest und sägst mit der anderen.

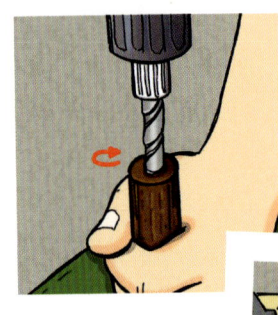

3. Lass dir hierbei von einem Erwachsenen helfen: Bohre mit dem Akkuschrauber ein Loch längs in die Mitte des Holzstücks, etwa acht bis neun Zentimeter tief. Der Durchmesser des Bohrers muss mit dem des Holzdübels übereinstimmen.

4. Markiere das Holzstück auf einer Länge von anderthalb Zentimetern und noch einmal bei einer Länge von drei Zentimetern mit einem Bleistift.

5. Säge mit der Holzsäge an der ersten Markierung etwa anderthalb Zentimeter tief ein, bis du das Loch erreichst. An der zweiten Markierung sägst du schräg ein, in Richtung des ersten Einschnitts, bis du auf diesen triffst. Achtung: Der Einschneidewinkel darf nicht zu schräg sein, sonst erzeugt die Pfeife später keinen Ton.

6. Kürze den Holzdübel zunächst einmal auf die ungefähre Länge der Pfeife.

7. Schräge den Holzdübel auf einer Seite mit dem Schnitzmesser ab. Von oben betrachtet sieht dann eine Seite des Dübels gerade, die andere rund aus. Glätte den Dübel mit Schleifpapier.

8. Stecke den Holzdübel in die Pfeife, um zu prüfen, ob er hineinpasst. Reibe ihn mit etwas Olivenöl ein, dann gleitet das Holz besser.

9. Ziehe den Holzdübel wieder heraus und kürze ihn mit der Säge auf drei Zentimeter Länge. Schiebe ihn mit der flachen Seite nach oben in die Pfeife und blase hinein, ein Pfeifton sollte jetzt zu hören sein.

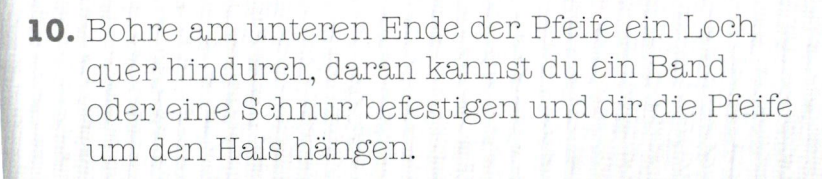

10. Bohre am unteren Ende der Pfeife ein Loch quer hindurch, daran kannst du ein Band oder eine Schnur befestigen und dir die Pfeife um den Hals hängen.

Der Herbst

JUCKPULVER SELBST GEMACHT

Du kennst sicherlich die dicken, roten Hagebuttenfrüchte, die im Herbst in Hecken an Wald- und Wegesrändern reifen. Aus ihren Kernen kannst du ganz einfach Juckpulver herstellen.

Dazu benötigst du:
- einige Handvoll dicke, rote Hagebuttenfrüchte
- Küchenmesser, -brett
- Teelöffel
- Schüssel
- Stoffbeutel

So wird's gemacht:
1. Wildrosen wachsen an Wald-, Wiesen- und Wegesrändern. Ihre Früchte sind die Hagebutten. Sammle ein bis zwei Handvoll reifer Früchte ein. Wenn sie ganz rot und prall aussehen, sind sie reif.
2. Schneide die Früchte mit einem Küchenmesser in zwei Hälften. Dann siehst du die Kerne darin.
3. Schabe die Kerne mit einem Löffel aus den Hälften und fülle sie in eine Schüssel. Die kleinen Härchen an den Kernen müssen sichtbar sein. Deshalb entferne alle Fruchtfleischreste an ihnen.
4. Stelle die Schüssel mit den Kernen zum Trocknen in die Sonne oder auf die Heizung.
5. Wenn die Kerne trocken sind, fülle sie in einen kleinen Stoffbeutel. Nun kannst du die Kerne benutzen, um jemandem einen Streich zu spielen: Schütte die Kerne hinten in dessen Pullover und der Gefoppte wird sich tierisch kratzen müssen.

Eichhörnchen beobachten

Im Herbst sind die niedlichen Eichhörnchen so beschäftigt, dass sie kaum auf Menschen achten. Da sie keinen Winterschlaf, sondern nur eine Winterruhe halten, müssen sie für die Wintermonate Vorräte anlegen. Jetzt ist die beste Zeit, die possierlichen Nager beim Sammeln und Verstecken von Bucheckern, Eicheln und Nüssen zu beobachten.

Dazu benötigst du:
- warme, wetterfeste Kleidung
- festes Schuhwerk, eventuell Gummistiefel

So wird's gemacht:

1. Eichhörnchen kannst du am besten in Parks oder auf Friedhöfen beobachten oder auch im Garten, wenn dort hohe Bäume stehen.

2. Verhalte dich ruhig und stelle dich möglichst hinter einen Baum oder Busch. Schaue den Eichhörnchen bei ihrem Treiben zu. Wo sammeln sie ihre Vorräte? Wie vergraben sie ihre Schätze?

3. Kannst du das Nest der Eichhörnchen finden? Es befindet sich in den Wipfeln der Bäume, ist rund und meist in einer Astgabelung gebaut. Es wird Kobel genannt.

5. Beobachte die Nager auch beim Klettern. Kannst du sehen, wie sie ihre Krallen einsetzen?

6. Wenn du Glück hast, mehrere Eichhörnchen zu beobachten, kannst du auch sehen, wie sie miteinander „sprechen". Sie können zwar nicht reden, aber sie benutzen Laute, Duftmarken und ihren dicken, buschigen Schwanz, um sich Signale zu senden.

Der Herbst

LAUB-HINDERNISLAUF

An einem schönen Herbsttag bietet es sich an, in einem Park oder im Wald einen Laub-Hindernislauf zu machen. Dazu müsst ihr in einer Gruppe von mindestens vier Kindern sein und vorher einen Lauf-Parcours errichten. Das eignet sich auch sehr gut als Programmpunkt eines Kindergeburtstages.

Dazu benötigst du:
- mindestens 4 Spieler
- wetterfeste Kleidung und Schuhe
- Laub
- Äste, Steine

So wird's gemacht:
1. Geht in den Park oder in den Wald und tragt mehrere große Haufen Laub zusammen.
2. Baut aus dem Laub verschiedene Hindernisse, zum Beispiel eines zum Darüberspringen, eines zum Drumherumlaufen, ein längeres Stück zum Darüber-Hin-und-Her-Hüpfen. Ihr könnt auch Bäume miteinbeziehen und um diese herumlaufen.
3. Bestimmt eine Start- und eine Ziellinie und markiert diese mit Ästen oder Steinen.
4. Legt den Parcours parallel daneben noch ein weiteres Mal an.
5. Teilt euch in zwei Gruppen ein. Jede Gruppe wird ihren eigenen Parcours laufen.
6. Legt in der Gruppe eine Reihenfolge fest: Der oder die Jüngste darf beginnen. Auf ein Kommando geht es los.
7. Der Nächste in der Gruppe legt los, sobald der Erste im Ziel angekommen ist.
8. Gewonnen hat die Gruppe, deren Läufer zuerst alle im Ziel sind.

SEGELBOOT AUS RINDE

Um ein cooles Segelboot zu bauen, brauchst du nur ein Stück Rinde als Rumpf, Korken für die Reling, Bug und Heck und ein paar Holzstäbe und Papier für zünftige Segel. Schiff ahoi!

Dazu benötigst du:
- 1 dickeres, größeres Stück Rinde, das intakt ist (etwa 15–20 Zentimeter lang und 10 Zentimeter breit) oder 1 entsprechend großes Stück Holz
- Flaschenkorken
- Klebstoff
- Holzstäbchen oder Schaschlikspieße
- bunte Stifte
- buntes Papier
- Schere

So wird's gemacht:
1. Halte im Wald oder im Park nach abgefallener Baumrinde Ausschau. Wenn du ein größeres Stück findest, achte darauf, dass es keine Risse hat. Das Stück Rinde oder Holz bildet den Boden deines Bootes.

2. Aus Flaschenkorken kannst du jetzt die Wände gestalten: Klebe die Korken aufrecht stehend um den Rand auf dem Boden fest. Du kannst auch einen Korken in die Mitte kleben.

3. Die Holzstäbe bilden die Fahnenmasten. Du kannst sie einfach mit der spitzen Seite in den Korken stecken.

4. Schneide ein Quadrat aus dem Papier (etwa 15 Zentimeter mal 15 Zentimeter). Falte es diagonal. Lege einen Holzstab in die Mitte, schlage das Papier darum und klebe es fest. Das ist dein Segel. Du kannst das Segel nochmals bekleben oder bemalen und so viele Segel basteln, wie du möchtest. Gute Fahrt!

Der Herbst

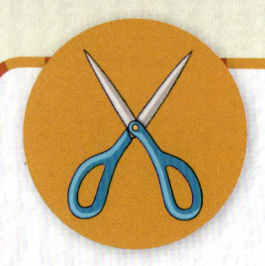

PIRATENFLOSS AUS STÖCKEN UND ÄSTEN

Aus Stöckchen und Ästen kannst du ein tolles Piratenfloß basteln. Weil das so einfach geht, kannst du gleich mehrere Flöße basteln, dann hast du eine ganze Piratenflotte!

Dazu benötigst du:
- mehrere dünne, möglichst gerade Stöcke und Äste mit 1-2 Zentimeter Durchmesser
- eventuell kleine Handsäge
- Bast oder Paketschnur
- Schere
- Filzstifte
- schwarzes, weißes, rotes Tonpapier
- Klebstoff
- Holzspieß

So wird's gemacht:

1. Sammle beim Spaziergang möglichst gerade, dünne Äste mit ein bis zwei Zentimetern Durchmesser.

2. Brich die Äste in zwölf bis 15 Zentimeter lange Stücke. Wenn sie sich nicht leicht brechen lassen, nimm eine Handsäge zur Hilfe. Lass dir von einem Erwachsenen helfen.

3. Für ein Floß brauchst du sechs bis sieben Stöckchen. Lege sie nebeneinander. Verknote den Bast oder die Schnur am ersten Ast am unteren Ende. Dann schlinge das Band einmal um den nächsten herum und so weiter. Einmal drunter, dann drüber bis zum letzten Ast. Am oberen Ende verbindest du die Äste ebenso. Zum Schluss wird das Schnurende verknotet.

4. Für das Segel schneidest du ein Quadrat von zwölf Zentimetern mal zwölf Zentimetern aus schwarzem Tonpapier aus. Male auf weißem Tonpapier die Umrisse eines Totenkopfes und zweier Knochen auf und schneide alles aus. Auf rotem Papier kannst du noch eine Piratenmütze aufmalen und ausschneiden. Klebe den Totenkopf und die Mütze auf das Segel und die Knochen gekreuzt darunter. Male mit schwarzem Filzstift ein Gesicht auf den Kopf.

5. Stich mit dem Holzspieß unterhalb des Kopfes von vorn nach hinten durch das Papier und komme über dem Kopf wieder hinaus. Dadurch wölbt sich das Segel nach vorn. Befestige dann das Segel am Floss. Los geht die wilde Fahrt!

ZAPFENHÜPFEN

Die gute Luft im Wald oder auch im Park lässt sich am besten mit Bewegung genießen. Ein lustiges und einfaches Spiel ist das Zapfenhüpfen. Es wird am besten in einer größeren Gruppe gespielt und eignet sich daher auch gut für Geburtstagsfeiern in der Natur.

Dazu benötigst du:
- mindestens 4 Spieler
- 1 dicken, großen Tannenzapfen
- 1 längeres Seil oder Band
- Schere

So wird's gemacht:

1. Stellt euch in einer Lichtung, an einer Wegkreuzung oder auf einer Wiese im Kreis auf.

2. In der Mitte steht der vorher ausgeloste Spielleiter. Es kann auch das älteste Kind sein.

3. Der Zapfen wird am Seil oder Band festgebunden. Dafür umwickelst du den Zapfen am oberen Ende in einem Schuppenzwischenraum mit dem Band und verknotest es. Es muss länger sein, als der Kreis groß ist, das bedeutet: Wenn der Spielleiter in der Mitte steht und den Zapfen um sich herum schwingt, muss das Band lang genug sein, um die Mitspieler zu berühren. Schneide das Band in der entsprechenden Länge ab.

4. Das Kind in der Mitte hält das Band mit dem Zapfen, dreht sich um sich selbst und schwingt den Zapfen in Bodennähe. Die Mitspieler im Kreis müssen hochhüpfen und dem Zapfen ausweichen.

5. Wer vom Zapfen getroffen wird, spielt nicht mehr mit. Gewinner ist das Kind, das zum Schluss noch übrig ist. Es darf in der nächsten Runde in der Mitte stehen.

Der Herbst

KARTOFFELCHIPS-MONSTER BACKEN

Wenn du mal nicht draußen spielen kannst, back doch einfach mal Kartoffelchips-Monster! Sie sehen nicht nur lustig aus, sondern schmecken auch noch lecker. Sie passen sehr gut zu einer Halloween-Dekoration oder eignen sich als cooles Mitbringsel für eine Party.

Dazu benötigst du:
- 3 große Kartoffeln
- Messer, Schneidebrett
- Apfelausstecher
- 1 Teelöffel Olivenöl
- 1 Messerspitze Salz, etwas Pfeffer
- Schüssel
- Backblech
- Backpapier
- Plastikdose

So wird's gemacht:
1. Wasche und schäle die Kartoffeln und schneide sie in ganz dünne Scheiben.
2. Lege die Scheiben auf eine Arbeitsfläche oder ein Schneidebrett und steche in jeder Scheibe mit dem Apfelausstecher oder einem Messer zwei Löcher für die Augen aus. Schneide damit auch einen großen, lachenden Mund aus.
3. Gib das Olivenöl, Salz und Pfeffer in eine Schüssel. Füge dann ganz vorsichtig die Kartoffelmonster hinzu und vermenge alles mit den Händen.
4. Gib Backpapier auf das Backblech und lege die Monster darauf.
5. Backe die Monster in einem Umluftherd bei 120 Grad Celsius (180 Grad Celsius bei Ober- und Unterhitze) etwa 30 Minuten lang. Nach dem Abkühlen kannst du die Monster in eine Schüssel oder Plastikdose füllen.

BLÄTTER-COLLAGE

Aus getrockneten und gepressten Blättern kannst du mit ganz wenigen Hilfsmitteln echte Kunstwerke herstellen: von Baumlandschaften über eine Collage bis zu Urzeitmonstern – alles ist möglich.

Dazu benötigst du:
- getrocknete und gepresste Blätter, Gräser, Farne
- Papier
- Bastelkleber
- bunte Malstifte

So wird's gemacht:

1. Wähle ein paar schöne Blätter, Gräser und Farne aus, die du zuvor in dicken Büchern gepresst und getrocknet hast (siehe Seite 84).

2. Überlege dir, was du herstellen möchtest: Für eine Collage klebst du einfach die schönsten Blätter nebeneinander oder ein wenig überlappend auf ein großes Blatt Papier.

3. Für eine Baumgruppe bildest du die Stämme aus Gräsern oder Farnen. Die Baumkronen werden durch mehrere Blätter dargestellt.

4. Ein Urzeitmonster entsteht, wenn du ein großes Blatt als Körper aufklebst. Den Hals bildest du aus mehreren kleineren aneinandergereihten Blättern. Der Kopf ist ein größeres, möglichst helles Blatt, damit du mit den Stiften noch ein Gesicht aufmalen kannst. Aus mehreren kleineren Blättern bastelst du den Schwanz des Monsters. Für die Rücken- und Schwanzstacheln klebe kleine, möglichst spitz zulaufende Blätter auf den Rumpf. Wähle kleinere, länglichere Blätter für die Beine aus und klebe sie unter den Rumpf. Du kannst an diese noch Füße malen.

Der Herbst

KNETMASSE SELBST GEMACHT

Wusstest du, dass du aus ganz einfachen Backzutaten deine eigene Knete herstellen kannst? Daraus lassen sich kleine Kunstwerke fertigen, die dann durch Trocknen oder Backen haltbar gemacht werden können. Der perfekte Zeitvertreib für trübe Tage!

Dazu benötigst du:
- Topf, Rührgerät, Kochlöffel
- 1 Tasse Wasser
- 1/2 Tasse Salz
- 1 Tasse Mehl
- 1 Teelöffel gereinigter Weinstein (aus der Apotheke)
- 1 Esslöffel Öl
- bunte Lebensmittelfarben

So wird's gemacht:
1. Gib alle Zutaten (außer der Lebensmittelfarbe) in einen Topf und vermische diese mit den Knethaken eines Rührgerätes.
2. Stelle den Herd auf mittlere Hitze und rühre die Masse oftmals um, bis sich ein dicker Brei gebildet hat. Das kann bis zu einer Viertelstunde dauern.
3. Nimm die Knetmasse vom Herd und lass sie abkühlen. Anschließend knetest du sie so lange mit den Händen, bis sie ganz weich geworden ist.
4. Teile die Knetmasse in fünf gleich große Portionen und knete unterschiedliche Lebensmittelfarben hinein.
5. Nun kannst du kleine Männchen oder Gegenstände formen. Wenn du sie haltbar machen willst, backe sie für 15 Minuten im Ofen bei 180 Grad Celsius.
6. Wenn du die Knetmasse wiederverwenden möchtest, packe sie in eine luftdicht verschließbare Plastikdose und hebe sie im Kühlschrank auf. Dort kannst du sie bis zu einem halben Jahr aufbewahren.

Der Herbst

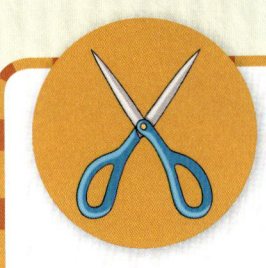

DEKO-FLASCHE

Mit vielen bunten Herbstmaterialien befüllt, wird eine einfache Flasche zum Kunstwerk! Dieses ist ganz leicht selbst herzustellen und als Dekoration oder Geschenk gut geeignet.

Dazu benötigst du:
- kleine Steine, Eicheln, Moos, kleine Ast- und Rindenstücke, Hagebutten, buntes Laub
- alte Zeitungen
- 1 Flasche aus weißem Glas

So wird's gemacht:

1. Sammle beim Spaziergang im Wald oder Park viele verschiedene Materialien. Du brauchst von jeder Sorte nur etwa eine Handvoll. Achte darauf, dass die Steinchen hell sind, das Moos schön grün ist und das Laub bunt. Die Steine dürfen nicht größer sein als die Öffnung des Flaschenhalses!

2. Wasche die Steine und breite sie auf alten Zeitungen aus. Auch die anderen Materialien legst du auf Zeitungen aus und lässt sie für ein paar Stunden oder über Nacht trocknen.

3. Schichte die Materialien in eine leere Flasche: zuerst die kleinen Steinchen, dann die Eicheln, das Moos, die Ast- und Rindenstücke, die Hagebutten und zum Schluss das Laub. Falls die Flasche dann noch nicht voll ist, wiederhole die Reihenfolge.

Der Herbst

Der Winter

Langeweile ade

Auch im Winter, wenn das Wetter kalt und ungemütlich ist, gibt es keinen Grund für Langeweile. Wenn du Glück hast, liegt Schnee und du kannst darin toben oder damit herrliche Schneemänner und -schlösser bauen. Bei richtiger Kälte friert das Wasser auf den Seen zu und du kannst dort, wenn es sicher ist, Schlittschuh laufen. Weil das Wetter oft nicht so einladend ist und es abends früh dunkel wird, machen Aktivitäten im Haus wie Backen und Basteln Spaß.

Schnee im April

Für Astronomen, also die Sternforscher, beginnt der Winter mit der Wintersonnenwende. Das bedeutet, dass an diesem Tag die Sonne am kürzesten scheint (auch wenn sie von einer Wolkendecke verborgen ist). Bei uns ist das am 21. oder 22. Dezember der Fall. Danach werden die Tage wieder länger. Die Meteorologen, das sind die Wetterforscher, haben den ersten Dezember als Winteranfang festgelegt. Allgemein sieht man die Monate Dezember, Januar und Februar als Wintermonate an, aber es ist auch schon vorgekommen, dass sogar im März und April noch Schnee gefallen ist.

Es gibt kein schlechtes Wetter, …

… es gibt nur unpassende Kleidung! Winter bedeutet, dass die „nasse Jahreszeit" oder „weiße Zeit" eingesetzt hat. Deshalb solltest du dich dementsprechend warm und regenfest anziehen, wenn du nach draußen gehst. Schön kuschelig eingepackt und ausgerüstet mit Regenmantel oder -schirm kannst du bei Wind, Regen oder Schnee trotzdem nach draußen. Bei Schnee brauchst du auch wasserabweisende Kleidung, zum Toben ist ein Skianzug sehr gut geeignet.

Einzigartige Eiskristalle

Eis und Schnee können nur entstehen, wenn es sehr kalt ist. Beide bestehen aus gefrorenem Wasser. Schnee bildet sich, wenn die Wassertröpfchen, die sich in den Regenwolken befinden, gefrieren. Sie werden zu sechseckigen Kristallen, die sich dann verbinden und als Flocken zur Erde fallen. Wusstest du, dass alle Schneekristalle unterschiedlich aussehen? Es muss mindestens um die null Grad Celsius kalt sein, damit der Schnee auch liegen bleibt. Wenn du genau hinsiehst, kannst du die einzelnen Kristalle erkennen! Eis entsteht, wenn das flüssige Wasser bei Temperaturen unter null Grad Celsius fest wird. Das passiert, wenn die Bestandteile des Wassers, Moleküle genannt, sich nicht mehr bewegen können.

Bester Schnee

Es gibt verschiedene Arten von Schnee, die alle unterschiedliche Namen haben. Du hast bestimmt schon einmal die Bezeichnung Neuschnee gehört: Das ist der frisch gefallene Schnee, nicht älter als 24 Stunden, der noch ganz locker und pulvrig ist. Ganz alter Schnee, der mal getaut war und wieder gefroren ist, besteht mehr aus Eisklumpen statt -kristallen. Er wird Harsch genannt. Nassschnee ist eher Schneematsch und Feuchtschnee, der nur ein bisschen nass ist, lässt sich sehr gut formen und eignet sich am besten, um einen Schneemann zu bauen.

Warum ist Schnee eigentlich weiß?

Schnee besteht aus gefrorenem Wasser und das ist bekanntlich, wie du es von Eiswürfeln kennst, durchsichtig. Wenn du auf der Eisbahn Schlittschuh läufst, scheinen die Markierungen des Spielfeldes auf dem Boden durch. Die Eiskristalle, aus denen der Schnee besteht, wirken durch ihre Form wie Spiegel. Sie reflektieren das Sonnenlicht und leuchten deshalb weiß.

Den Winter einfach verschlafen

Sicher hast du schon davon gehört, dass manche Tiere einen Winterschlaf halten. Sie tun das, weil es im Winter für sie kein oder nur wenig Futter gibt. Wenn sie schlafen, brauchen sie keine Nahrung, sondern leben von dem, was sie sich vorher angefuttert haben. Echte Winterschläfer wie Igel und Murmeltiere fressen während dieser Zeit überhaupt nichts. Das können sie tun, indem sie ihre Körpertemperatur stark absenken und somit wenig Energie verbrauchen.

Winterruhe und Winterstarre

Dann gibt es noch Tiere, die eine Winterruhe halten, wie zum Beispiel den Braunbären, das Eichhörnchen und den Waschbären. Auch sie legen sich eine dicke Fettreserve an, aber sie können ihren Körper nicht so stark abkühlen lassen und wachen deshalb zwischendurch auch mal auf und gehen dann auf Futtersuche. Außerdem gibt es noch Tiere, die in eine Winterstarre fallen, das heißt, sie bewegen sich überhaupt nicht mehr. Dazu gehören Fische, Frösche, Reptilien und Insekten. Wenn es kalt wird, verstecken sie sich und fangen erst wieder an, sich zu bewegen, wenn es wieder wärmer wird. Ihr Blut friert allerdings nicht ein, weil sie einen Stoff im Blut haben, der wie ein Frostschutzmittel funktioniert.

SCHNEEBALLSCHLACHT

Zum Winterspaß gehört unbedingt eine ordentliche Schneeballschlacht! Alles, was du dafür brauchst, ist warme Kleidung, etwas pappigen Schnee und natürlich einige Mitspieler.

Dazu benötigst du:
- mindestens 2 Spieler
- warme, am besten wasserdichte Kleidung und Handschuhe
- Schnee

So wird's gemacht:

1. Zieh dich schön warm an, Handschuhe und wasserfestes Schuhwerk oder Stiefel sind unbedingt notwendig!

2. Nimm eine Portion Schnee mit den Händen auf. Der Schnee muss nass und pappig sein. Pulverschnee ist nicht geeignet.

3. Forme mit beiden Händen aus dem Schnee eine Kugel. Drücke den Schnee fest.

4. Du kannst die Kugel vergrößern, indem du sie im Schnee rollst. Aber bedenke, je größer die Kugel wird, desto schwerer wird sie und fliegt nicht mehr so weit.

5. Wenn du deine Gegner schnell bewerfen möchtest, lege dir einen Schneeballvorrat an: Schichte einen Haufen Schneebälle in Pyramidenform aufeinander.

6. Wirf deine Gegner mit dem Schneeball ab und weiche ihren Bällen geschickt aus.

Kurioser Wettbewerb

Wusstest du, dass es in Deutschland sogar eine Schneeballschlacht-Weltmeisterschaft gibt? Im Wintersportort Winterberg treten Teams gegeneinander an, die Bewertung erfolgt anhand der Treffsicherheit.

SCHNEEMONSTER BAUEN

Einen Schneemann kann fast jeder bauen, doch baue dir doch lieber gleich ein echtes Schneemonster. Dazu brauchst du nur eine große Menge klebrigen Schnee.

Dazu benötigst du:
- warme Kleidung
- Schnee
- Esslöffel
- Kohlestücke oder dunkle Steine

So wird's gemacht:

1. Ziehe dich warm an, besonders wichtig sind wasserfeste Handschuhe und Stiefel. Forme mit den Händen eine Kugel aus Schnee. Dieser muss pappig sein, damit er gut zusammenhält. Rolle die Kugel im Schnee hin und her, bis sie etwa kniehoch ist. Das wird der Körper des Monsters.

2. Rolle vier kleinere Kugeln und schiebe sie unter die große, das sind die Beine. Falls die Kugel zu schwer für dich ist, bitte einen Erwachsenen um Hilfe. Fülle die Übergänge mit Schnee aus und klopfe ihn fest.

3. Zwei weitere Kugeln benutzt du als Hals. Klopfe sie aufeinander fest und streiche die Übergänge aus.

4. Für den Kopf rollst du eine etwas größere Kugel und drückst sie auf dem Hals fest. Streiche den Schnee wieder schön glatt.

5. Weitere drei bis vier kleinere Kugeln stapelst du vor dem Hinterteil nach oben und drückst die oberste daran fest. Streiche die Übergänge glatt. Das ist der Schwanz.

6. Jetzt kannst du das Gesicht formen: Höhle mit einem Esslöffel ein großes Maul aus. Als Augen nimmst du Kohlestücke oder dunkle Steine.

7. Auf dem Kopf, dem Rücken und dem Schwanz kannst du aus Schnee Stacheln formen.

Der Winter

Tierspuren im Schnee bestimmen

Im frischen Schnee sind die Spuren von Wild- und Haustieren, in der Jägersprache Trittsiegel genannt, besonders gut sichtbar. Wenn du über ein über Nacht verschneites Gelände läufst, hast du gute Chancen, diese spannenden Zeugen vom nächtlichen Treiben der Tiere zu finden.

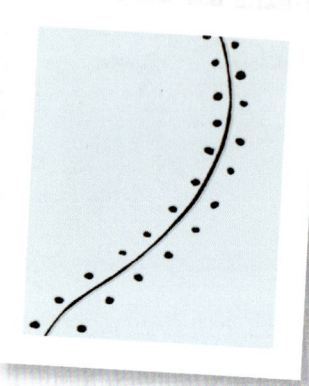

Maus
Die Spuren von Mäusen sehen lustig aus: Sie hüpfen mit ihren kleinen Füßen durch den Schnee und ziehen ihren Schwanz nach. Das sieht dann so aus, als ob eine Linie mit je zwei Punkten links und rechts über den Schnee gezogen wurde.

Katze
Katzenpfoten besitzen zwar scharfe Krallen, aber die sind in ihren Abdrücken nicht zu sehen, weil sie sie einziehen können. Du erkennst vier Zehen und einen kleineren Ballen, die Spur ist ziemlich gerade.

Wildschweine
Die Abdrücke von Wildschweinen sind denen von Rehen sehr ähnlich. Jeder Huf besteht aus zwei sogenannten Schalen vorn und Afterklauen hinten. Bei den Wildschweinen stehen die Afterklauen weiter auseinander als die Schalen.

Fuchs
Der Pfotenabdruck eines Fuchses zeigt wie der eines Hundes vier Zehen mit Krallen und einen Sohlenballen. Der Fuchsabdruck ist nur viel kleiner und zeichnet sich oft dadurch aus, dass die Spur ganz gerade ist. Alle Abdrücke scheinen wie auf einer Schnur angeordnet, deshalb wird das Laufen des Fuchses auch schnüren genannt.

MEISENKNÖDEL SELBST MACHEN

Im Winter, wenn der Boden hart gefroren ist, finden die Vögel kaum noch Futter. Hilf ihnen, indem du einen Meisenknödel im Gebüsch oder auf dem Balkon aufhängst.

Dazu benötigst du:
- 170 Gramm Kokosfett oder salzfreie Margarine
- Topf, Kochlöffel
- 200 Gramm Haferflocken
- 200 Gramm Sonnenblumenkerne
- 1 Handvoll getrocknete Beeren
- weiches Netz aus Plastik, Jute oder Baumwolle
- Band oder Seil, etwa 40 Zentimeter lang

So wird's gemacht:
1. Bring das Pflanzenfett in einem Topf unter Rühren zum Schmelzen.
2. Gib die Haferflocken, Sonnenblumenkerne und Beeren hinzu. Hebe einige Kerne auf. Rühre die Masse um, bis sie gebunden ist. 
3. Nimm den Topf vom Herd und lass die Masse kalt werden. Sie darf aber nicht hart werden! Dann formst du daraus mit der Hand eine Kugel.
4. Die restlichen Kerne drückst du von außen fest an die Kugel.
5. Gib die Kugel in das Netz und drehe sie ein paarmal, indem du mit einer Hand das Netz oben festhältst.
6. Verschließe die Öffnung mit dem Band oder dem Seil und binde mehrere feste Knoten. Anschließend machst du den Knödel im Garten im Gebüsch, an einem Baum oder auf dem Balkon fest. Nun kannst du prima die Vögel beim Futtern beobachten.

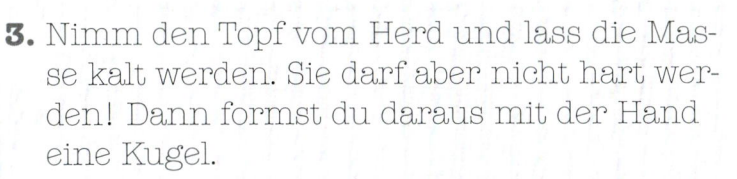

Der Winter

FUTTERHÄUSCHEN FÜR VÖGEL

Neben Meisenknödeln (siehe Seite 115) kannst du auch Futterhäuschen selbst anfertigen, um den kleinen Piepmätzen im frostigen Winter zu helfen. In einer Gruppe aufgehängt, sehen die Häuschen besonders toll aus.

Dazu benötigst du:
- 1 leere Konservendose ohne scharfe Kanten
- 1 Eisstiel aus Holz
- Alleskleber
- Buntlack zum Bemalen
- Pinsel
- buntes Geschenkband, etwa 1 Meter lang
- Sonnenblumenkerne oder fertige Vogelfuttermischung

So wird's gemacht:
1. Reinige die leere Dose gründlich und weiche sie in Wasser ein, damit du das Papier außen herum ablösen kannst. Eine Seite der Dose muss offen sein.
2. Trockne die Dose ab. Klebe den Eisstiel an der Dose innen so fest, dass er aus der Öffnung herausragt. Das ist die Landebahn für deine gefiederten Freunde.
3. Nun kannst du die Dose nach Herzenslust bunt bemalen. Am besten tauchst du die Dose ein- bis zweimal ganz in ein Farbbad ein, damit die Kanten bedeckt und unscharf werden. Die Farben werden die Vögel anlocken! Lass die Farbe über Nacht an einem warmen Ort trocknen.
4. Wickle das bunte Geschenkband um die Dose und verknote es. Den längeren Teil des Bandes kannst du benutzen, um es im Garten im Gebüsch, an einem Baum, auf dem Balkon oder der Terrasse festzubinden.
5. Gib Sonnenblumenkerne oder die Vogelfuttermischung in die Dose.

EISHOCKEY

Der Klassiker mit Schlittschuhen ist ein schnelles Spiel, bei dem euch richtig eingeheizt wird. Dazu muss es sehr kalt sein, damit Wasser zu einer Eisfläche gefrieren kann.

Dazu benötigst du:
- mindestens 3 Spieler
- Winterkleidung
- Schlittschuhe, Eisfläche
- Fahrrad- oder Skihelm
- Puck, kleinen Ball oder Stein
- längere Äste oder Hockeyschläger
- Steine oder mit Lebensmittelfarbe gefärbtes Wasser

Schutzkleidung

Da Eis sehr hart ist, kann es wehtun, wenn ihr darauf hinfallt. Am besten ist, wenn ihr Knie- und Ellenbogenschützer anlegt und einen Helm aufsetzt. Auch gefütterte Hosen bieten einen Schutz.

So wird's gemacht:

1. Zieht warme Kleidung an: Handschuhe, Winterjacken und -hosen. Außerdem braucht ihr Schlittschuhe. Am besten ist, wenn ihr auf einer öffentlichen Schlittschuhbahn spielen könnt. Aber auch ein Teich ist geeignet, wenn er wirklich fest zugefroren ist. Am besten überprüft ihr die Festigkeit der Eisfläche zusammen mit einem Erwachsenen.

2. Bildet zwei Teams, die gegeneinander antreten.

3. Falls ihr keine Hockeyschläger habt, könnt ihr auch längere Äste als Schläger benutzen. Ebenso könnt ihr, falls kein Puck vorhanden ist, auch einen kleinen Ball oder Stein verwenden.

4. Markiert mit Steinen oder gefärbtem Wasser ein Tor für jedes Team. Falls ihr mehrere Spieler seid, könnt ihr einen Torwart bestimmen. Ziel ist es, den Puck ins gegnerische Tor zu schießen.

Der Winter

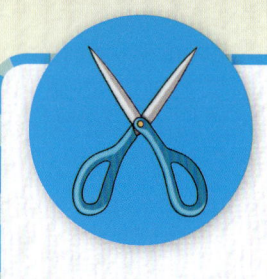

CHRISTBAUMSCHMUCK AUS NATURMATERIALIEN

Den Weihnachtsbaum zu schmücken, ist der Höhepunkt aller Weihnachtsbastelei. Benutze Material aus der Natur, um den Wettbewerb um den schönsten Baum zu gewinnen.

Dazu benötigst du:
- 10-15 Tannen- oder Kiefernzapfen
- 10-15 kleine, rote Äpfel
- Küchenpapier
- Butter oder Margarine
- feste Bindfäden oder Nähgarn, eventuell Blumendraht
- weiße Wand- oder Lackfarbe
- alte Zeitungen
- Glitzerspray
- Strohsterne (siehe Seite 123)
- Watte

So wird's gemacht:
1. Sammle Tannen- oder Kiefernzapfen und trockne sie über Nacht an einem warmen Ort.
2. Wasche die Äpfel gründlich und trockne sie ab. Gib ein Stück Butter oder Margarine auf ein Küchenpapier und poliere damit die Äpfel, bis sie schön glänzen.
3. Befestige einen Faden oder Nähgarn an den Apfelstielen und hänge die Äpfel an die Zweige des Weihnachtsbaumes.
4. Die Zapfen färbst du mit weißer Farbe: Tauche sie in Reste von Wand- oder Lackfarbe und lass sie auf alten Zeitungen über Nacht trocknen. Du kannst sie auch noch mit Glitzer einsprühen.
5. Die Spitze des Weihnachtsbaumes kannst du mit einem Strohstern (siehe Seite 135) verzieren. Binde dafür den Stern mit Draht oder Bindfaden oben fest. Du kannst auch mehrere kleinere Strohsterne in den Zweigen des Baumes befestigen.
6. Forme aus Watte kleine Kügelchen als Schneeflocken und stecke sie auf die Tannennadeln.

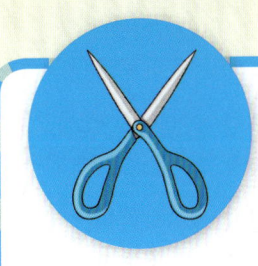

Pilze aus Nussschalen

Ein schöner Zusatz zum Adventskranz oder -gesteck ist eine niedliche kleine Gruppe von Pilzen. Für einen Fliegen- und einen Steinpilz brauchst du nur Nussschalen, Korken und ein wenig Farbe.

Dazu benötigst du:
- 2-3 schöne, flache Steine
- 2 Flaschenkorken
- weiße, braune, schwarze, rote Deck- oder Acrylfarbe
- Pinsel
- alte Zeitungen
- 1 Walnuss
- Nussknacker
- Klebstoff

So wird's gemacht:
1. Sammle beim nächsten Spaziergang glatte, flache Steine.
2. Bemale die Flaschenkorken: Der Stiel für den Fliegenpilz wird weiß, derjenige für den Steinpilz braun angemalt. Bei beiden kannst du noch ein paar schmale, kurze schwarze Striche darüber malen. Lege die Korken auf alte Zeitungen zum Trocknen.
3. Knacke die Walnuss ganz vorsichtig mit einem Nussknacker. Lass dir von einem Erwachsenen helfen. Die Nussschalen müssen unversehrt bleiben. Male die Schalen an: Der Fliegenpilz-Hut wird rot, der des Steinpilzes dunkelbraun angemalt. Wenn der Fliegenpilz-Hut etwas getrocknet ist, setze noch ein paar weiße Punkte darauf. Der Steinpilz bekommt ein paar schwarze Striche am Hutrand.
4. Nachdem alle Teile trocken sind, klebst du die Hüte der Pilze auf den Stielen fest.
5. Klebe je einen Pilz auf einen Stein. Du kannst auch eine Gruppe mit mehreren Pilzen basteln.

Der Winter

FIND-DIE-SCHNEE-FLAGGE

Das perfekte Spiel, wenn es schön geschneit hat und alles weiß ist. Versteckt die weiße Fahne so, dass keiner sie leicht finden kann.

Dazu benötigst du:
- mindestens 3 Spieler
- warme, wetterfeste Winterkleidung, Schnee
- 1 gerades Stück Ast oder 1 Holzlöffel
- weißes Stofftuch (beispielsweise Geschirr- oder Stofftaschentuch)
- (Stopp-)Uhr

So wird's gemacht:

1. Zieht euch warm an. Handschuhe, Winterjacken und dicke Hosen sowie gefütterte Stiefel sind am besten.
2. Bestimmt ein Gebiet, in dem die Flagge versteckt werden soll, zum Beispiel im Garten, auf einer Wiese oder im Park.
3. Ihr braucht einen Flaggenmast (gerades Stück Ast oder einen Holzlöffel), an dem ihr die Flagge festknotet. Diese sollte ein weißes Stofftuch sein.
4. Per Los oder Abzählreim wird bestimmt, wer mit dem Verstecken anfangen darf.
5. Derjenige, der die Flagge versteckt, läuft los, während die anderen Mitspieler sich umdrehen müssen.
6. Die Fahne muss so weit in den Schnee gesteckt werden, dass nur noch die Flagge zu sehen ist (und nicht der Löffelstiel oder Ast).
7. Derjenige, der die Flagge versteckt hat, kommt zurück zu den Mitspielern. Dann laufen diese los, um die Fahne zu suchen.
8. Derjenige, der die Flagge versteckt hat, misst mit einer Uhr die Zeit. Gewinner ist, wessen Fahne am längsten gesucht wird.

KARTOFFELSTEMPEL

Du kannst dein eigenes Weihnachtspapier bedrucken – oder auch Plätzchenteller, Adventskalender und Weihnachtskarten. Kartoffelstempel sind kinderleicht herzustellen und vielseitig verwendbar.

Dazu benötigst du:
- 3-4 große Kartoffeln
- Küchenmesser, Schneidebrett
- Plätzchenformen (zum Beispiel Sterne)
- Deckfarben
- Pinsel
- Papier oder Karton

So wird's gemacht:
1. Wasche die Kartoffeln und halbiere sie mit einem Küchenmesser.
2. Stich mit einer Plätzchenform ein Muster in die Mitte der Schnittfläche einer Kartoffelhälfte.
3. Entferne mit dem Messer die überstehende Kartoffelmasse außerhalb der Form. Jetzt steht das Motiv wie bei einem Stempel vor.
4. Male mit dem Pinsel die hervorstehende Fläche an.
5. Setze nun die bemalte Fläche auf das Papier oder den Karton. So kannst du schöne Muster bilden und sogar dein eigenes Weihnachtspapier gestalten.

Buchstabendruck

Du kannst auch mithilfe eines Erwachsenen und mit einem Messer Buchstaben in eine Kartoffelhälfte schnitzen. Wenn du mehrere Kartoffeln benutzt, kannst du deinen eigenen Namen oder „Frohe Weihnachten" drucken. Aber aufgepasst, die Buchstabenstempel müssen spiegelverkehrt sein.

ZIMTSTERNE BACKEN

Wenn es draußen so richtig stürmt, gibt es nichts Gemütlicheres als Weihnachtsbäckerei. Mit etwas Geschick kannst du selbst Zimtsterne backen!

Dazu benötigst du:

Teig:
- 200 Gramm Puderzucker
- 2 Esslöffel Zimt
- 8 Esslöffel Wasser
- 1 Esslöffel Zitronensaft
- 150 Gramm gemahlene Mandeln
- 200 Gramm gemahlene Haselnüsse
- 1 Esslöffel abgeriebene Orangenschale
- Schüssel
- Nudelholz
- Alu- oder Frischhaltefolie
- sternförmige Ausstechformen
- Spatel oder breites Messer
- Backpapier
- Blech, Kuchengitter

Guss:
- 1 Esslöffel Zimt
- 100–200 Gramm Puderzucker
- Wasser
- kleine Schüssel oder Tasse
- Pinsel

So wird's gemacht:

1. Verknete alle Zutaten für den Teig in einer Schüssel miteinander.
2. Rolle den Teig auf einer mit Alu- oder Frischhaltefolie belegten Fläche aus und steche die Sterne aus.
3. Lass den Teig vier Stunden bei Zimmertemperatur trocknen.
4. Heize den Backofen auf 250 Grad Celsius vor. Lege die Plätzchen mithilfe eines Spatels oder breiten Messers vorsichtig auf ein mit Backpapier belegtes Blech. Backe die Plätzchen etwa drei bis fünf Minuten. Sie dürfen nicht dunkel werden, sonst sind sie zu trocken.
5. Plätzchen gut auskühlen lassen, am besten auf einem Kuchengitter.
6. Mische Zimt mit Puderzucker und Wasser, bis eine zähe Masse entstanden ist. Bestreiche die Plätzchen damit.

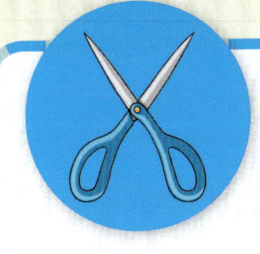

Weihnachtsstern aus Stroh

Nichts stimmt uns mehr auf Weihnachten ein als ein gemütlicher Bastelabend. Dazu gehört es auch, Weihnachtssterne aus Stroh anzufertigen. Dafür brauchst du nur Strohhalme, Bindfaden und ein wenig Fingerspitzengefühl.

Dazu benötigst du:
- Strohhalme (aus dem Bastelladen)
- Schere
- Bindfaden oder Nähgarn

So wird's gemacht:

1. Schneide die Halme in der gewünschten Länge gleich lang ab (zum Beispiel 15 Zentimeter).

2. Streiche die Halme mit dem Fingernagel glatt.

3. Lege zwei Kreuze mit je zwei Halmen. Diese legst du dann versetzt übereinander, sodass es einen Stern mit acht Strahlen ergibt. Nimm den Stern mit der linken Hand auf, indem du mit dem Daumen von oben und mit dem Zeigefinger von unten auf die Mitte drückst. Linkshänder nehmen den Stern mit der anderen Hand.

4. Mit der anderen Hand nimmst du einen Bindfaden zwischen Daumen- und Zeigefinger und umwebst die einzelnen Strahlen des Sterns: Lass ein kürzeres Ende herunterhängen und führe den Faden zuerst über den Strohstreifen, der obenauf liegt, dann unter dem nächsten durch. So verfährst du, bis beide Fadenenden wieder aufeinandertreffen.

5. Ziehe die Fäden fest und verknote sie. Das lange Ende kannst du zu einer Schlaufe binden, mit der du den Stern am Weihnachtsbaum oder am Fenster aufhängen kannst.

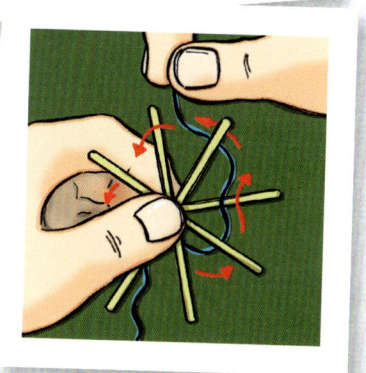

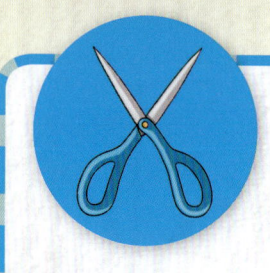

ADVENTSKALENDER AUS RINDE UND ÄSTEN

Überrasche deine Eltern mit einem selbst gebastelten Adventskalender! Dazu brauchst du ein paar Äste und etwas Rinde, Gold- oder Tonpapier und natürlich Fantasie.

Dazu benötigst du:
- dünne Äste, 1 größeres Stück Rinde
- 1 größeres Stück Stoff als Hintergrund (beispielsweise 40 Zentimeter mal 45 Zentimeter)
- 1 Karton in gleicher Größe
- Klebstoff
- Gold- oder Tonpapier
- Schere
- Locher
- bunte Filzstifte
- stabiles Band oder Paketschnur
- eventuell 24 Weihnachtssticker
- Perlen, Schnur

So wird's gemacht:

1. Sammle bei einem Spaziergang einige Handvoll dünne Äste und ein größeres Stück Rinde.

2. Klebe das Stück Stoffrest auf den Karton.

3. Brich die Äste in verschieden große Stücke. Die Rinde klebst du unten als Stamm auf, die Äste darüber. Sie können ruhig über den Rand des Bildes ragen.

4. Schneide aus Gold- oder Tonpapier 24 verschiedene Formen aus: Kreise, Vierecke, Sterne (mit etwa vier Zentimetern Durchmesser). Falte die Formen einmal in der Mitte. Stanze mit dem Locher ein Loch genau in die Mitte der Falz jeder Papierform.

5. Male die Zahlen eins bis 24 auf die Vorderseite der zugeklappten Papierstücke. Die Innenseite kannst du mit selbst gezeichneten Bildchen oder Weihnachtsstickern verzieren.

6. Fädle die Papierformen abwechselnd mit den Perlen auf Schnurstücke und befestige diese an den Ästen.

7. Schneide Sterne aus Gold- oder Tonpapier zur Verzierung aus und klebe sie an den Baum und auf den Hintergrund.

MOBILE AUS TANNENZAPFEN

Eine richtig schöne winterliche Dekoration ist ein Mobile aus Tannen-, Kiefern- oder Fichtenzapfen. Dazu brauchst du neben diesen nur etwas Farbe, ein paar gerade Äste und festen Bindfaden.

Dazu benötigst du:
- 10 Tannen-, Kiefern- oder Fichtenzapfen
- Wand-, Lack- oder Acrylfarbe
- Pinsel
- alte Zeitung
- eventuell Glitzerspray
- Maßband
- Bindfaden oder Nähgarn
- 3 gerade Äste, etwa 20 Zentimeter lang
- Schere

So wird's gemacht:

1. Sammle Tannen-, Kiefern- und Fichtenzapfen im Wald oder Park und trockne sie über Nacht an einem warmen Ort.

2. Färbe die Zapfen: Tauche sie dafür in Reste von Wand- oder Lackfarbe oder male sie mit Pinsel und Acrylfarben an. Lass sie auf alten Zeitungen über Nacht an einem warmen Ort trocknen. Wenn du sie auch noch mit Glitzer einsprühst, werden sie im Kerzenschein leuchten.

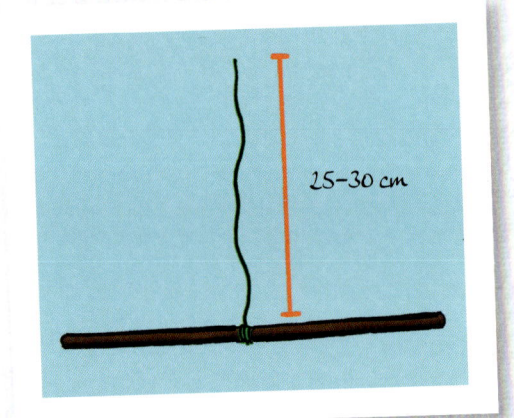

3. Schneide vom Faden oder Nähgarn ein etwa 25 bis 30 Zentimeter langes Stück ab. Verknote es in der Mitte eines Astes. Das wird die obere Stufe des Mobiles.

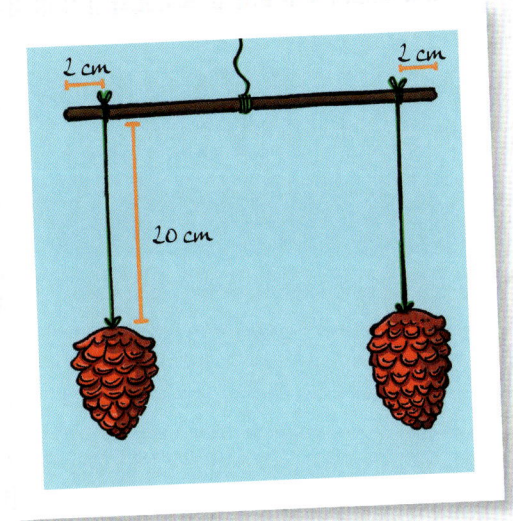

4. Schneide zwei weitere Stücke Faden von etwa 20 Zentimetern ab. Binde sie jeweils links und rechts ungefähr zwei Zentimeter vom Rand am Ast fest. An den unteren Enden bindest du je einen Zapfen fest.

5. Am unteren Ende der Zapfen befestigst du nun je einen Faden von 15 Zentimetern Länge.

6. Binde an beiden Fadenenden je einen Ast in der Mitte fest. Das ist jetzt die zweite Stufe des Mobiles.

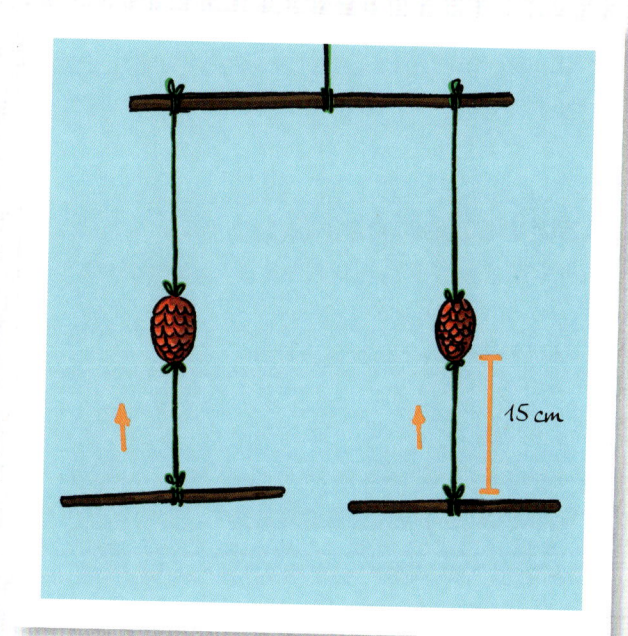

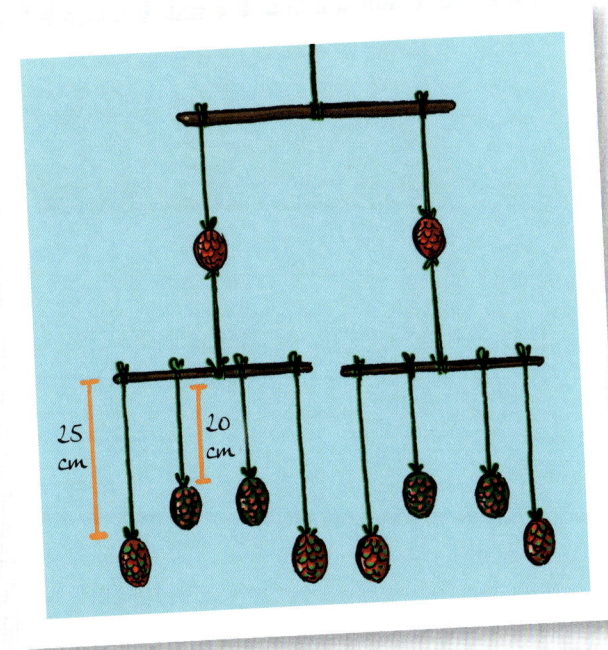

7. Miss nun acht Fäden in unterschiedlichen Längen ab: Vier kürzere Fäden von 20 Zentimetern und vier längere von 25 Zentimetern.

8. Binde an jeden Ast je zwei längere Fäden an die äußeren Seiten und zwei kürzere mit etwas Abstand dazwischen. Binde an jedem Ende einen Zapfen an der spitzen Seite fest.

Der Winter

Mit Spass durch den Winter

Egal obs draußen stürmt oder schneit – der Spaß sollte auch in der kalten Jahreszeit nicht zu kurz kommen. Einfach warm und kuschlig anziehen und raus geht's an die frische Luft! Und danach eine selbst gemachte heiße Schokolade genießen.

Graffiti im Schnee

Frisch gefallener Schnee sieht schön weiß und glitzernd aus. Er bietet aber auch eine perfekte Leinwand für kleine Künstler! Mische deine Farben und lass deiner Fantasie freien Lauf.

Dazu benötigst du:
- Lebensmittelfarben
- leere Sprühflaschen, Blumensprüher oder Spritzpistolen
- Winterkleidung, Schnee

So wird's gemacht:
1. Mische verschiedene Lebensmittelfarben mit Wasser und fülle diese in mehrere Flaschen ab. Dafür eignen sich besonders leere Sprühflaschen oder Blumensprüher. Sehr gut als künstlerisches Hilfsmittel funktionieren auch Spritzpistolen.

2. Ziehe dich schön warm an, Handschuhe und dicke Schuhe oder Stiefel nicht vergessen.

3. Suche dir eine glatte, leere Schneefläche aus. Mithilfe der bunten Flüssigkeiten kannst du nun Graffiti wie etwa deinen Namen in den Schnee sprühen oder gar Kunstwerke malen. Mach doch ein Foto davon!

> **Hohe Kunst**
>
> Du kannst auch deine Schneeburg (siehe Seite 131) mit Farben verzieren. Oder du baust dir ganz stilecht eine Mauer aus Schnee, auf die du dann ein Graffito sprühst. Auch Schneemänner werden zu Kunstwerken, wenn sie mit Farben verschönert werden.

HEISSE SCHOKOLADE KOCHEN

Wenn es draußen so richtig kalt ist, gibt es nichts Schöneres als eine leckere, wärmende heiße Schokolade – natürlich selbst gemacht!

Dazu benötigst du für 2 Portionen:
- 50–70 Gramm dunkle Schokolade (70 % Kakaoanteil)
- 500 Milliliter Milch
- 2 Teelöffel Zucker
- Topf, Kochlöffel
- Schneebesen
- 2 Tassen
- eventuell Zimt, Vanillezucker

So wird's gemacht:
1. Brich die Schokolade in grobe Stücke und lege sie in einen Topf.
2. Gib etwa ein Drittel der Milch und den Zucker hinzu und erwärme das Gemisch ganz langsam. Rühre oft um, damit die Schokolade nicht am Topfboden kleben bleibt.
3. Sobald die Schokolade geschmolzen ist, gibst du den Rest der Milch hinzu und lässt die Mischung langsam aufkochen. Du erhöhst die Temperatur, bis der Kakao anfängt zu kochen und rührst immer wieder mit einem Schneebesen um.
4. Nimm den Topf vom Herd und gieße die Schokolade in zwei Tassen.
5. Wenn du möchtest, kannst du noch Zimt obendrauf streuen oder Vanillezucker mit einrühren.

Scharfe Variante
Wer Scharfes mag, kann etwas Chilipulver oder Ingwerstücke in das Getränk geben. Vorsicht bei der Dosierung!

Der Winter – Spezial

ASTRONOMISCHES EXPERIMENT

In klirrend kalten Nächten ist der Himmel oft besonders klar. Jetzt kannst du mithilfe eines selbst gebastelten Guckrohrs Sterne beobachten und erforschen.

Digitale Hilfe

Gebe in einer Internet-Suchmaschine folgende Stichworte ein: Sternenhimmel und den Namen deines Sternzeichens. So findest du Bilder davon und kannst es anschließend oben am Himmel finden.

Dazu benötigst du:
- Bastelkarton (DIN A3)
- Filzstift
- Schere
- Bastelkleber
- Computer

So wird's gemacht:

1. Male auf den Bastelkarton zwei aufeinander zulaufende Linien, etwa in Kegelform. Die Längsseiten sind 37 Zentimeter lang, die Querseite hat an der weiten Seite einen Abstand von 34 Zentimetern. Zeichne an die schmale und an die weite Seite des Kegels je eine leicht nach rechts geschwungene Verbindungslinie zwischen den Längsseiten.

2. Schneide entlang der Linien das Papier aus.

3. Forme das Papier zu einer Rolle und klebe sie an den Längsseiten zu. Jetzt hast du eine Art Fernrohr.

4. Informiere dich mithilfe eines Erwachsenen über dein Sternbild: Für jeden Geburtstag gibt es im entsprechenden Monat ein Sternbild. Suche es auf einer Sternkarte im Internet oder in einem Buch.

5. Gehe, wenn es dunkel ist, nach draußen und suche am Himmel dein Sternbild mit dem Guckrohr: Orientiere dich dabei an markanten Sternbildern wie etwa dem Orion (ein Gewand mit Gürtel und Schwert).

SCHNEEBURG BAUEN

Eine Schneeburg baut ihr am besten in einer größeren Gruppe. Dazu braucht ihr vor allem warme Winterkleidung und Handschuhe, Schaufeln, Eimer – und auch Kuchenformen.

Dazu benötigst du:
- Winterkleidung
- Eimer, Schnee
- Schaufeln
- verschiedene Kuchenformen, zum Beispiel in Herz- oder Blumenform

So wird's gemacht:

1. Zieht euch warm an. Handschuhe und Stiefel sind ein Muss! Bestimmt einen Standort für die Burg und ihre Größe. Zieht mit den Schuhen einen Burggrundriss in den Schnee. Füllt einen Eimer mit Schnee und drückt diesen darin fest. Am besten benutzt ihr mehrere Eimer, dann geht es schneller. Der Schnee muss nass und klebrig sein, Pulverschnee ist nicht so gut geeignet.

2. Stülpt die Eimer nebeneinander auf eurer Grundrisslinie um, sodass eine Mauer aus Schnee entsteht. Lasst ein Stück von etwa 40 Zentimetern für den Eingang frei. Setzt anschließend noch eine Runde Schneeblöcke etwas versetzt obendrauf. Verschließt die Zwischenräume mit Schnee und klopft alles gut fest.

3. Die dritte Reihe besteht aus den Zinnen: Lasst immer zwei Eimer breit zwischen den Blöcken frei.

4. Nun kommen die Kuchenformen zur Dekoration zum Einsatz. Füllt verschiedene Formen mit Schnee und bringt die ausgestülpten Formen links und rechts vom Eingang an den Ecken an.

Der Winter – Spezial

IGLU BAUEN

Das Wort Iglu bezeichnet in der Sprache der Inuit eine Behausung. Bau dir selbst so ein cooles Schneehaus. Du brauchst dafür nur pappigen, etwas nasseren Schnee, einen rechteckigen Eimer oder stabilen Karton und eine Schaufel. Nimm dir am besten einen Erwachsenen zu Hilfe, denn nasser Schnee ist ganz schön schwer.

Dazu benötigst du:
- winterfeste Kleidung
- Schnee
- Maßband
- Schaufel
- rechteckigen Eimer oder stabilen Karton

So wird's gemacht:

1. Bestimme den Ort, wo du dein Iglu bauen willst. Miss etwa einen Meter mal einen Meter ab und markiere die Ecken mit der Schaufel. Je größer das Iglu werden soll, desto länger dauert die Bauzeit.

2. Markiere mit der Schaufel einen Kreis um das Quadrat.

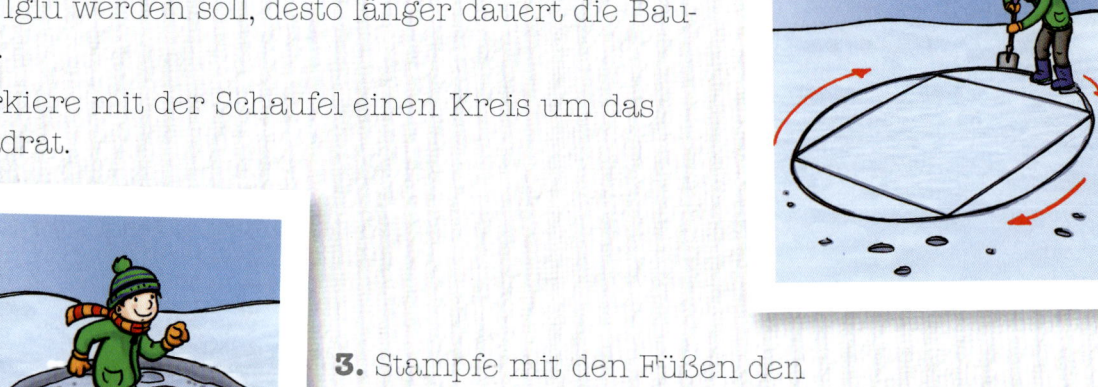

3. Stampfe mit den Füßen den Schnee auf dem Boden im Inneren des Kreises fest.

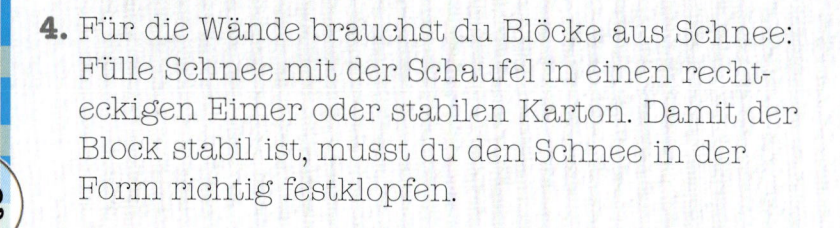

4. Für die Wände brauchst du Blöcke aus Schnee: Fülle Schnee mit der Schaufel in einen rechteckigen Eimer oder stabilen Karton. Damit der Block stabil ist, musst du den Schnee in der Form richtig festklopfen.

5. Stülpe den Eimer oder den Karton auf dem Kreis um. Nach und nach legst du Block an Block auf die Kreislinie. Die Zwischenräume füllst du mit Schnee auf und klopfst ihn fest. Anschließend klopfst du die gesamte Wand noch einmal fest.

6. Füge nun eine zweite Reihe Schneeblöcke auf die erste. Achte dabei darauf, dass die Blöcke ein wenig nach innen ragen: Setze sie so auf, dass außen ein etwa zwei Zentimeter breiter Rand frei bleibt und der Block innen übersteht. Fülle in die Lücken wieder Schnee und klopfe ihn fest.

7. Bei der nächsten Reihe setzt du die Blöcke wieder nach innen und schließt die Zwischenräume mit Schnee. Wenn das Iglu etwa so hoch ist wie deine Hüfte, achte darauf, dass die nächste Reihe noch etwas weiter nach innen ragt. Es soll eine schöne Rundung entstehen.

8. Brich im unteren Bereich, etwa in Höhe deiner Knie, mit der Schaufel einen Eingang durch die Schneewand. Er sollte so groß sein, dass du gut hindurchkrabbeln kannst. Sei vorsichtig dabei und achte darauf, dass über dem Eingang ein Torbogen aus Schnee stehen bleibt. Nun kannst du auch von innen weiterarbeiten.

9. Zum Schluss ist das Loch zwischen den Blöcken oben im Iglu so klein, dass du zwei Blöcke aneinanderkippen kannst. Die Seiten verschließt du mit je einem weiteren Block. Fülle wieder die Zwischenräume mit Schnee auf und klopfe ihn fest.

Der Winter – Spezial

ADVENTSKRANZ BASTELN

Dieser Adventskranz ist nicht nur schön, sondern duftet auch noch lecker!

Dazu benötigst du:
- 4 dicke, große Kerzen
- 4 Zimtstangen
- Bast
- Tannenzweige
- Metallteller, Ausstechform
- je 2–3 Orangen und Äpfel
- Hasel- und Walnüsse

So wird's gemacht:

1. Binde die Zimtstangen mit Bast um alle vier Kerzen. Am besten umwickelst du sie mit dem Bast mehrmals und bindest dann eine schöne Schleife.

2. Dekoriere den Teller mit Tannenzweigen und setze die Kerzen darauf.

3. Schäle die Orangen und versuche dabei, große Stücke Schale abzuschneiden. Mit einer Plätzchen-Ausstechform kannst du aus den Schalen schöne Formen, zum Beispiel Sterne, ausstechen.

4. Schäle auch die Äpfel und schneide die Schale in kleinere Stücke.

5. Lege die Orangen- und Apfelschalen sowie die Nüsse um die Kerzen auf den Teller. Achte darauf, dass die Kerzen gleichmäßig abbrennen, damit kein Wachs auf die Dekoration läuft. Lass die Kerzen niemals unbeaufsichtigt brennen!

RIESENSCHNEEKUGEL

Eine Riesenschneekugel macht einfach Riesenspaß! Am besten, du baust sie mit mehreren Freunden. Wenn ihr zwei Teams bildet, könnt ihr einen spannenden Wettbewerb austragen! Der Schnee dafür muss etwas pappig sein, damit die Kugel gut gerollt werden kann.

Dazu benötigst du:
- warme Winterkleidung
- 2 Teams von bis zu 4 Kindern
- ganz viel Schnee
- (Stopp-)Uhr

So wird's gemacht:
1. Trommle fünf bis sieben Freunde zusammen und teilt euch in zwei Teams auf. Die Kräfte sollten gleich verteilt sein.
2. Zieht euch ganz warm an, denn es dauert eine Weile, bis eine Riesenschneekugel gerollt ist. Handschuhe, Schal, Mütze und gefüttertes Schuhwerk sind Pflicht.
3. Bestimmt eine gewisse Zeit, um die Kugel zu formen, beispielsweise eine halbe Stunde.
4. Auf Kommando legen beide Mannschaften los: Zuerst wird ein kleinerer Ball geformt und abwechselnd von den Teammitgliedern im Laufschritt gerollt. Wenn die Kugel größer geworden ist, wird sie von allen Teammitgliedern gerollt.
5. Die Mannschaft mit der größeren Kugel gewinnt! Ihr könnt natürlich auch mit mehreren Teams spielen.

KERZEN GIESSEN

Winterzeit ist Kerzenzeit. Es macht großen Spaß, eigene Kerzen zu gießen. Benutze einfach leere Becher oder Kaffeedosen und fülle sie mit buntem, flüssigem Wachs ganz nach deinen Wünschen. Vorsicht, das Wachs ist sehr heiß.

Dazu benötigst du:
- bunte Kerzenreste und billige Haushaltskerzen
- eventuell Farbpigmente (aus dem Bastelladen)
- leere Blechdosen
- Messer
- Topf
- Kerzendochte (aus dem Bastelladen)
- Schaschlikspieße
- leere Joghurtbecher oder andere Behältnisse
- Knetmasse
- Gefäße (Schüsseln, Eimer)
- Sand

So wird's gemacht:

1. Fülle Kerzenreste und Haushaltskerzen in Blechdosen. Benutze für jede Farbe eine andere Dose. Wenn du nur weißes Wachs hast, kannst du im Bastelladen Farbpigmente kaufen und das Wachs damit einfärben.

2. Erwärme das Wachs langsam im Wasserbad. Das Wasser darf nicht kochen.

3. Bereite die Dochte vor: Entweder du benutzt die Dochte aus den Haushaltskerzen, die du vorsichtig herausschneidest, oder du besorgst welche aus dem Bastelladen.

4. Binde ein Ende des Dochts mit einem Doppelknoten um einen Schaschlikspieß. Hänge den Spieß über den Rand des Joghurtbechers oder des Behälters, der die Kerzenform sein soll. Stich ein kleines Loch in den Boden des Joghurtbechers oder des Behälters und fädele das andere Ende des Dochts von innen nach außen.

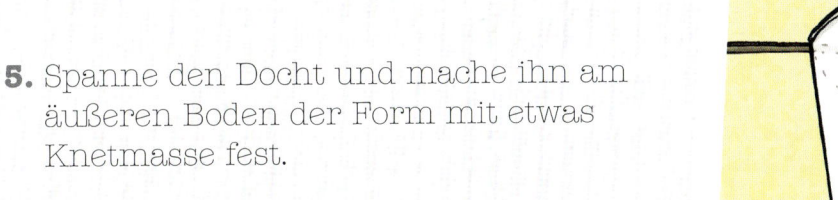

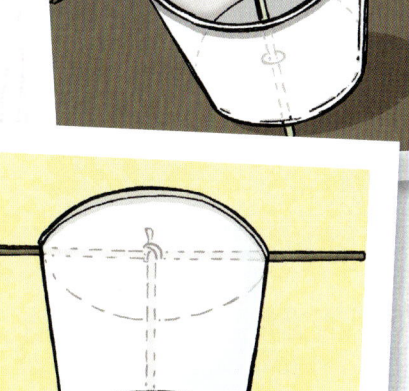

5. Spanne den Docht und mache ihn am äußeren Boden der Form mit etwas Knetmasse fest.

6. Stelle die Formen in Gefäße mit Sand.

7. Gieß das flüssige Wachs in die Formen und lass es mindestens eine Stunde auskühlen. Entferne den Becher und auch den Schaschlikspieß.

KERZENHALTER AUS EIS

Ein wunderschönes Licht, das in einem Kerzenhalter aus Eis flackert, heißt draußen vor der Tür Gäste willkommen. Du kannst dieses besondere Behältnis ganz leicht selbst herstellen und brauchst dazu nur einen Eimer Wasser und klirrende Kälte.

Dazu benötigst du:
- Eimer
- Handschuhe
- Stumpenkerze oder Teelicht

So wird's gemacht:

1. Fülle einen Eimer mit Wasser und stelle ihn draußen in die Kälte. Es müssen auf jeden Fall Minusgrade herrschen, damit das Wasser gefrieren kann.

2. Das Wasser friert zuerst an den Rändern und am Boden fest, erst zum Schluss wird das Innere hart. Solange darfst du aber nicht warten. Das Wasser muss in der Mitte noch flüssig sein, also musst du öfters mal nachschauen, um den richtigen Zeitpunkt abzupassen.

3. Nimm den Eimer mit nach drinnen und stülpe ihn in der Dusche oder in der Badewanne um. Das noch flüssige Wasser läuft nun ab und hinterlässt eine Einstülpung mit Eiswänden außen herum. Ziehe Handschuhe an und trage den Eis-Kerzenhalter nach draußen vor die Tür.

4. Stelle eine Stumpenkerze oder ein Teelicht in das Innere des Eimers und zünde sie an. Nun flackert das warme Licht im eisigen Behältnis. Solange es friert, kannst du dich über dein Eislicht freuen.

SCHNEEMANN-MUFFINS BACKEN

Bestimmt hast du schon einmal Muffins gebacken. Oder nicht? Es geht ganz schnell und einfach. Als Gag für die Winterzeit kannst du sie als Schneemänner dekorieren.

Dazu benötigst du:
Für den Teig:
- Schüssel
- 350 Gramm Mehl
- 300 Milliliter Milch
- 150 Gramm Zucker
- 300 Milliliter Pflanzenöl
- 1 Ei
- 1 Päckchen Backpulver
- 1 Päckchen Vanillezucker
- Schneebesen
- Muffinform (aus Blech oder Silikon)
- Muffinförmchen aus Backpapier
- Blech, Kuchengitter

Für die Dekoration:
- kleine Schüssel, Tasse
- 120 Gramm Puderzucker
- 2-3 Esslöffel Zitronensaft
- Kochlöffel
- rote Lebensmittelfarbe
- Pinsel
- Zuckerhimbeeren, Zucker- oder Marzipankarotten, Schokotropfen und -blättchen

So wird's gemacht:
1. Alle Zutaten für den Teig in eine Schüssel geben und so lange rühren, bis eine zähflüssige Masse entsteht.
2. Setze die Papierförmchen in die Backform und fülle sie bis zu drei Viertel voll.
3. Schiebe die Muffins in den Ofen und backe sie bei 200 Grad Celsius etwa 20-30 Minuten. Lass sie auf einem Kuchengitter auskühlen.
4. Rühre aus dem Puderzucker und Zitronensaft eine dickflüssige Masse als Guss an. Fülle etwa ein Viertel des Zuckergusses in eine Tasse um und färbe ihn mit der Lebensmittelfarbe rot ein.
5. Bestreiche die Oberseite der Muffins etwa zu einem Fünftel mit dem weißen Guss, den restlichen Teil mit der roten Farbe. Das wird die Mütze. Befestige am oberen Rand in der Mitte eine Zuckerhimbeere als Bommel, solange der Guss noch feucht ist. Für die Nase bohre etwas oberhalb der Mitte mit dem Stiel des Kochlöffels vorsichtig ein kleines Loch hinein. Dorthinein steckst du je eine Zucker- oder Marzipankarotte. Die Schokotropfen verwendest du als Augen, mit den Schokoblättchen legst du einen Mund.

WINTER-TAUZIEHEN

Tauziehen ist ein großer Spaß und im Winter sogar ganz besonders. Denn die Verlierer fallen weich in den Schnee.

Dazu benötigst du:
- mindestens 6 Spieler
- warme, wetterfeste Winterkleidung
- Schnee, Schaufeln
- ein langes, dickes Seil, mindestens 4 Meter lang

So wird's gemacht:
1. Zieht euch warm an. Handschuhe und wasserfeste Jacken und Hosen sowie gefütterte Stiefel sind am besten.
2. Grabt einen etwa 50 Zentimeter breiten und 20 Zentimeter tiefen Graben.
3. Bildet zwei Teams: Das Los bestimmt zwei Anführer, die ihre Teams zusammenstellen. Sie sollten darauf achten, dass beide Teams gleich stark sind.
4. Beide Teams stellen sich an je einer Seite des Grabens an einem Seilende auf. Der Abstand zum Graben muss auf jeder Seite gleich weit sein (beispielsweise ein Meter).
5. Alle zählen gemeinsam von Drei auf Null. Das ist das Startzeichen zum Ziehen. Beide Teams ziehen mit Leibeskräften so lange, bis der Erste eines Teams im Graben landet. Dieses Team hat dann verloren.

Lange Variante
Je länger das Seil ist, desto mehr Spaß macht das Tauziehen. Ihr könnt auch so lange weiterziehen, bis ein Team vollständig auf der anderen Seite des Grabens gelandet ist.

HUTWERFEN

Einen Schneemann zu bauen, ist schon ein Riesenspaß. Noch lustiger ist es, dies mit einem Wettbewerb zu kombinieren.

Dazu benötigst du:
- mindestens 3 Spieler
- warme, wetterfeste Winterkleidung
- Schnee
- Kohlestücke
- Steine in verschiedenen Größen
- Karotte
- Hut

So wird's gemacht:
1. Zieht euch warm an. Besonders Handschuhe, Winterkleidung und gefüttertes Schuhwerk sind wichtig.
2. Baut einen Schneemann: Rollt mindestens drei große Kugeln aus Schnee und stapelt sie aufeinander.
3. Dekoriert den Schneemann mit Kohlestücken oder Steinen als Augen am Kopf und als Knöpfe auf dem Körper. Die Karotte wird als Nase in die Mitte des Kopfes gesteckt. Mit kleineren Steinen legt ihr einen grinsenden Mund.
4. Stellt euch in gleichem Abstand, zum Beispiel in einem Meter Entfernung um den Schneemann im Kreis auf.
5. Per Los oder Abzählreim bestimmt ihr, wer zuerst den Hut werfen darf.
6. Der Hut wird wie ein Frisbee® geworfen – nehmt ihn also an der Krempe in eure Wurfhand und werft ihn mit Drall (Drehung) auf den Kopf des Schneemanns. Wer den Hut mit der wenigsten Anzahl an Versuchen auf dem Kopf des Schneemanns zur Landung bringt, hat gewonnen.

SCHNEEBALL-STAFFELLAUF

Ein Spiel, bei dem es euch richtig warm werden wird! Alles, was ihr dazu braucht, sind zwei Löffel, zwei Äste und natürlich Schnee!

Dazu benötigst du:
- mindestens 6 Spieler
- warme, wetterfeste Winterkleidung
- 4 längere Äste
- Schnee, 2 Esslöffel

So wird's gemacht:
1. Zieht euch warm an. Handschuhe, Winterjacken, dicke Hosen sowie gefütterte Stiefel sind am besten.
2. Bildet zwei Teams, die gegeneinander antreten.
3. Markiert mit zwei Ästen eine Startlinie.
4. In einigem Abstand (beispielsweise 20 Meter) von der Startlinie entfernt, wird ein Wendepunkt markiert. Steckt dafür für jedes Team einen Ast fest, damit parallel gelaufen werden kann.
5. Jedes Team formt einen Schneeball, der dann auf einen Esslöffel gelegt wird.
6. Auf Kommando laufen die ersten Mitglieder jedes Teams los. Sie müssen dabei den Schneeball so auf dem Löffel balancieren, dass er nicht herunterfällt. Sollte er doch hinunterplumpsen, muss der Läufer ihn wieder auf den Löffel legen und darf erst dann weiterlaufen.
7. Sobald der erste Läufer wieder bei der Mannschaft angekommen ist, übergibt er dem Nächsten den Löffel samt Schneeball. Gewinner ist das Team, das als Erstes alle Läufer wieder am Startpunkt hat.

Hürdenlauf
Ihr könnt das Spiel noch schwieriger machen, indem ihr aus Schnee kleine Hürden errichtet, über die die Spieler springen müssen.

GLASLICHT MIT NATURDEKORATION

Zu dunklen Winterabenden gehört auf jeden Fall gemütlicher Kerzenschein. Damit die Kerze richtig zur Geltung kommt, bastelst du ihr einen schönen Halter aus Glas dekoriert mit Naturmaterialien.

Dazu benötigst du:
- kleine Äste, Rinde, Moos, Farn, Blüten, Blätter, Hagebutten
- 1 leeres Marmeladen- oder Gurkenglas
- Transparentpapier
- Schere
- Klebstoff
- Bast, Geschenk- oder Schmuckband
- Vogelsand oder Blumenerde
- lange Kerzen

So wird's gemacht:
1. Sammle beim nächsten Spaziergang kleine Ästchen und Rindenstücke sowie etwas Moos, Farn, Blüten, Blätter und Hagebutten.
2. Wasche das Glas aus und trockne es gründlich ab.
3. Lege das Glas auf das Transparentpapier und schneide dieses so aus, dass es einmal herum passt.
4. Klebe das Papier außen auf dem Glas fest. Dann klebst du kleine Ast- und Rindenstücke, etwas Moos, Farn, getrocknete Blüten und Blätter oder Hagebutten auf das Transparentpapier.
5. Umwickle das Glas mit Bast oder Geschenkband und binde eine schöne Schleife. Befülle das Glas mit Sand oder Erde und stecke eine schöne, lange Kerze in die Mitte.

Farbharmonie
Es sieht sehr schön aus, wenn die Farbe der Kerze dieselbe ist wie die des Transparentpapiers. Die aufgeklebten Naturmaterialien sollten dazu ebenfalls farblich passend abgestimmt werden.

Register

Bastelspaß
Adventskalender aus
 Rinde und Ästen............ 124 f.
Adventskranz basteln............ 134
Baumgruppe aus Moos
 und Zapfen................. 94
Beetumrandung mit
 Marienkäfer-Steinen............ 30
Blättercollage................. 105
Blätterkranz.................... 89
Blätterkrone basteln............ 95
Blättermännchen................ 91
Blätter sammeln und pressen..... 84
Blumenstrauß binden............ 16
Blumentopf-Windspiel basteln... 34
Blumenwiese aus
 getrockneten Blumen........... 31
Christbaumschmuck
 aus Naturmaterialien.......... 118
Collage aus Strandgut........... 58
Deko-Flasche................... 107
Drachen basteln................ 86 f.
Eier auspusten und bemalen..... 14
Figuren aus Zapfen und Blättern... 92
Futterhäuschen für Vögel........ 116
Gänseblümchenkranz binden..... 22
Glaslicht mit Naturdekoration.... 143
Graskopf....................... 33
Grußkarte zum Mutter- oder
 Vatertag...................... 35
Igelburg bauen.................. 83
Kartoffelstempel............... 121
Kerzen gießen.................. 136 f.
Komposthaufen bauen........... 25
Lavendelsäckchen selbst
 machen....................... 49
Mobile aus Tannenzapfen....... 126 f.
Moosbärchen basteln............ 37
Nistholz für Wildbienen bauen... 27
Osterdekoration mit
 ausgeblasenen Eiern........... 32
Ostereier färben................ 13
Osternest basteln............... 28
Osterstrauß aufstellen........... 12
Pfahlmännchen schnitzen....... 36

Pfeife schnitzen................ 96 f.
Pfeil und Bogen bauen........... 52
Pilze aus Nussschalen........... 119
Piratenfloss aus Stöcken
 und Ästen................... 102
Regenwurmterrarium........... 70 f.
Segelboot aus Rinde............ 101
Selbst gemachter Schmuck...... 80
Sonnenuhr basteln.............. 47
Strohpuppe basteln............. 82
Unterwasserlupe basteln........ 50
Vogelscheuche bauen............ 39
Wasserbombe basteln........... 53
Weihnachtsstern aus Stroh...... 123
Wichtelmännchen aus Rinde..... 93
Zwille bauen................... 54

Koch- und Backvergnügen
Erdbeermarmelade.............. 51
Holundersaft selbst gemacht.... 90
Kartoffelchips-Monster backen.. 104
Knetmasse selbst gemacht...... 106
Kräuterquark................... 19
Meisenknödel selbst machen.... 115
Obstsalat in Melonenhälfte...... 57
Schneemann-Muffins backen.... 139
Smoothie-Rezept................ 60
Zimtsterne backen.............. 122

Naturerlebnis
Auf einem Grashalm pfeifen..... 45
Blühende Pracht................ 21
Eichhörnchen beobachten....... 99
Gewitter beobachten............ 75
Höhle bauen.................... 73
Insekten und andere
 Tiere beobachten.............. 56
Kerzenhalter aus Eis............ 138
Kräuterbeet anlegen............ 29
Kresse-Kartoffelkopf............ 38
Malen im Matsch................ 20
Radieschen aussäen............. 10
Schneemonster bauen........... 113
Spielerischer Waldspaziergang... 81
Staudamm am Bach bauen....... 23

Steinhaufen für Reptilien
 und Co. anlegen............... 48
Tierkinderstube................ 15
Tierspuren im Schnee bestimmen... 114
Tierspuren lesen................ 11
Vogelnester bauen.............. 24
Wildblumenwiese für
 Schmetterlinge anlegen........ 18
Zugvögel beobachten............ 88

Spielideen
Eishockey..................... 117
Fahrradparcours................ 74
Find-die-Schneeflagge.......... 120
Gummitwist.................... 55
Himmel und Hölle............... 44
Hutwerfen..................... 141
Juckpulver selbst gemacht...... 98
Kirschkern-Weitspucken......... 59
Laub-Hindernislauf............. 100
Naturturnstunde............... 26
Riesenschneekugel.............. 135
Sandburgen bauen.............. 46
Schatzsuche im Wald............ 69
Schneeballschlacht............. 112
Schneeballstaffellauf........... 142
Schnitzeljagd................... 61
Spiele mit Eiern................ 17
Steinchen werfen............... 72
Winter-Tauziehen............... 140
Zapfenhüpfen.................. 103
Zapfen werfen.................. 85

Spezial
An den Sternen orientieren..... 66
Astronomisches Experiment..... 130
Graffiti im Schnee.............. 128
Heiße Schokolade kochen....... 129
Iglu bauen..................... 132 f.
Knoten binden................. 64 f.
Kompass basteln............... 63
Schneeburg bauen.............. 131
Tipi bauen..................... 67
Wasser gewinnen............... 68
Wilde Beeren sammeln.......... 62